DES

DEVOIRS DU ROI

ENVERS

LA ROYAUTÉ.

IMPRIMERIE DE J. GRATIOT,
Rue du Foin Saint-Jacques, maison de la Reine Blanche.

DES

DEVOIRS DU ROI

ENVERS

LA ROYAUTÉ;

Par M. Cottu,

CONSEILLER A LA COUR ROYALE DE PARIS.

Illos patefactus ad auras
Reddit equus, lætique cavo se robore promunt
Thessandrus Sthenelusque duces, et dirus Ulyxes.

A PARIS,

A LA LIBRAIRIE DE RUSAND ET Cⁱᵉ,
rue du Pot-de-Fer Saint-Sulpice, nᵒ 8;
A LYON, MÊME MAISON.
1830.

DES DEVOIRS DU ROI ENVERS LA ROYAUTÉ.

CHAPITRE I. De la situation faite à la royauté par les dispositions réunies de la Charte et de la loi des Élections.
Page 1

CHAPITRE II. Nouvelles réflexions sur le droit qui appartient au
Roi de changer la loi des Élections. 41

CHAPITRE III. Nouvelles réflexions sur les principes qui doivent
présider à l'organisation des colléges Électoraux
dans l'ordre de choses établi par la Charte. 87

CHAPITRE IV. De la marche à suivre dans les circonstances ac-
tuelles, et du recouvrement de l'impôt. 143

DES
DEVOIRS DU ROI
ENVERS
LA ROYAUTÉ.

Illos patefactus ad auras
Reddit equus, lætique cavo se robore promunt
Thessandrus, Sthenelusque duces, et dirus Ulyxes.

~~~~~~

CHAPITRE I.

De la situation faite à la Royauté par les dispositions
réunies de la Charte et de la loi des Élections.

La loi des élections a produit son fruit.
Armée de ses feux dévorans, la révolution
est sortie de son sein, et n'attend plus que
le signal, pour faire de la France et de
l'Europe un vaste incendie.

Ce résultat n'était pas difficile à prévoir ;
il suffisait, pour le proclamer d'avance, de

1

réfléchir un instant sur la composition des Colléges électoraux, et sur l'effet ordinaire des passions des hommes (1).

_____

(1) J'avais dit en 1826, dans une de ces brochures qui m'avaient fait inscrire par les révolutionnaires au nombre de leurs adeptes :

« En France... la Charte a été établie par un seul « et même acte du pouvoir constituant, pouvoir que le « Prince s'est attribué, à défaut de tout autre corps avec « lequel il pût concerter l'établissement de la nouvelle « forme du gouvernement; et, comme le Prince n'é « tait pas éclairé par l'expérience sur le degré de force « que pourraient trouver, dans les nouvelles mœurs , « les différens corps dans lesquels il plaçait la souve « raineté, il n'a pas pu prendre , contre l'action de « ces corps , les précautions nécessaires. Aussi qu'en « est-il résulté ? *C'est que la Charte, telle qu'elle* « *est, nous mène droit à la république.* » (De la si tuation du Clergé , de la Magistrature et du Minis tère , 1826.)

J'avais dit encore dans une autre brochure, publiée *au commencement de 1827.*

« Comment le trône pourrait-il se défendre contre le pouvoir populaire, tel que la Charte l'a établi; c'est-à-dire , lorsque ce pouvoir se trouve placé dans une masse d'Électeurs étrangers à tous priviléges , et nécessairement ennemis de tous ceux que la loi a institués ? Comment ne pas voir qu'un jour vien

Mais il est des esprits étroits, livrés à
une espèce de fatalisme politique, pour
qui le présent n'a pas d'avenir, ni les faits
de conséquences. Ils croient que les événe-
mens se succèdent au hasard sans qu'aucune
cause les détermine et sans qu'il soit possible à la sagesse humaine de les prévenir.

Les dispositions morales de l'homme,
ses affections, ses préjugés, ses répugnan-
ces, paraissent à cette sorte de gens en dehors
de tout calcul et de toute appréciation. Ils
ne veulent pas considérer que, de même

---

dra, jour inévitable, inexorable, jour suprême, et
qui s'approche avec une effrayante rapidité, où ces
Électeurs, *impatiens de tout niveler, et affranchis
de l'influence du Gouvernement,* parviendront à
composer une chambre *suivant leur cœur,* je veux
dire une chambre animée des mêmes préventions
contre toutes les supériorités sociales? Quelle force
alors la Couronne aura-t-elle à opposer à l'audace d'une
pareille Chambre et à son influence sur le pays? *Quel
secours pourra-t-elle se promettre de son droit de
dissolution,* et de l'appel qu'elle ferait à un peuple
possédé du démon de l'égalité, et transporté de fureur au seul mot de privilége »? (De la nécessité d'un
changement de Ministère.)

I .

que chaque région du globe enfante des pro-
ductions diverses, de même l'homme, en
état de société, s'attache, suivant l'intérêt
de sa position politique, à une nature particulière d'opinion qu'aucun raisonnement
ne peut ensuite ébranler.

Ainsi, dans tous les temps et dans tous
les pays, les classes moyennes de la société
aspireront à faire disparaître les distinctions
sociales, et emploieront à les renverser tout
le pouvoir dont elles seront investies.

Ces simples réflexions devaient apprendre aux Ministres qu'aucune considération
ne pourrait jamais triompher des préjugés
des Électeurs; et que, dans la crise imminente où se trouvait la Royauté, il ne lui
restait plus qu'un seul moyen de salut : celui de changer la loi des Élections par une
ordonnance complémentaire de la Charte.

Il faut cependant reconnaître une vérité.
Quelque évident qu'il soit pour les esprits
éclairés et réfléchis, que la loi actuelle des
Élections est absolument incompatible
avec l'existence de la Royauté, les vices
les plus grossiers de cette loi, tant qu'ils

n'étaient pas manifestés par l'expérience, pouvaient être considérés comme de nature à n'être pas aperçus par tout le monde; et l'on conçoit qu'un prince, esclave de sa parole et jaloux avant tout de l'amour et de l'estime de son peuple, ait voulu, au risque même de se créer pour l'avenir de plus grandes difficultés, justifier aux yeux les plus fascinés la nécessité absolue où il se trouvait, dans l'intérêt même de la Charte, de sortir momentanément des règles établies pour des temps de paix et de fidélité, et d'avoir recours aux moyens extraordinaires que cette même Charte d'une part, et de l'autre les droits inhérens à sa couronne, ont placés entre ses mains.

Mais qu'il ait été plus ou moins utile de soumettre la loi des Élections à une dernière épreuve, c'est un point qui n'est plus aujourd'hui d'aucun intérêt. Les Colléges électoraux ont été convoqués; on leur a demandé une nouvelle Chambre, une chambre moins hostile que l'ancienne aux prérogatives de la Couronne, et plus en état d'apprécier et de satisfaire les besoins de la

Royauté. Ils ont répondu par la Chambre
actuelle : la voilà ; elle est sous les yeux du
Roi ; toute remplie de sombres projets, d'espérances séditieuses, et portant sur son front
la redoutable empreinte des sentimens de
désaffection et de répugnance qui ont présidé à sa composition.

Quel parti prendra la Royauté, en présence d'un pareil danger ? Doit-elle faire
face à la révolte ? Doit-elle céder à ses menaces, et, dans la crainte d'un mal plus
grand, accepter sans résistance le nouveau
sort que la révolution lui prépare ?

Une décision d'une si haute importance
exige un profond et consciencieux examen
de la situation dans laquelle la Royauté se
trouve placée par l'effet du nouvel ordre
de choses que la Charte a établi.

Mais ici une première réflexion se présente. La Charte, à proprement parler, n'a
créé aucune situation positive à la Royauté. Elle a laissé ses droits indéterminés,
puisqu'elle a laissé la loi d'élections *à faire*,
et qu'il est évident aujourd'hui, d'après la
connaissance plus précise que nous avons

du gouvernement représentatif, que, dans cette forme de gouvernement, l'étendue du pouvoir royal dépend entièrement du mode adopté pour l'élection des membres de la chambre des députés.

La position de la royauté n'a donc été fixée que par la loi des élections. Elle eût été toute autre avec une autre loi ; d'où il suit que, pour connaître exactement cette position, il faut examiner à la fois et les conséquences qui sont résultées pour la Royauté de certaines dispositions de la Charte, et celles qui sont résultées de la loi des Élections.

Tel sera l'objet de ce premier chapitre.

Voyons d'abord les conséquences résultantes de la Charte.

A côté de la puissance législative, et en dehors du cercle dans lequel elle s'exerce, la Charte a institué encore deux pouvoirs distincts, et absolument indépendans l'un de l'autre.

Le premier est le pouvoir qui appartient au Roi de nommer ses Ministres.

Le second est le pouvoir qui appartient

à la Chambre des députés de consentir, et par conséquent de refuser l'impôt.

Il ne s'agit pas de savoir comment, dans l'intention de la Charte, ces pouvoirs doivent être exercés : sans doute ils doivent l'être dans l'intérêt commun de la Royauté et des libertés publiques. Mais, outre qu'il pourra arriver que le Roi et la Chambre des députés prennent très loyalement pour règle de conduite des principes directement contraires; il doit être encore permis de supposer que ces deux pouvoirs chercheront à empiéter sur leurs droits respectifs; et que par conséquent, ils se trouveront dans un état d'opposition, voisin d'un état de guerre déclarée.

Que devra-t-il résulter de cette lutte? Suivons les deux pouvoirs dans l'exercice légitime de leurs attributions.

Le Roi nomme des Ministres qui déplaisent à la Chambre des Députés. Ne cherchons pas dans quelles intentions il les nomme; disons tout de suite qu'il les choisit ainsi, parce que tel est *son bon plai-*

sir, et que la Charte lui en a donné le droit.

De son côté, la Chambre, (que je suppose exprimer la véritable opinion des Électeurs) refuse le budget. Sans l'accuser de projets condamnables, disons aussi qu'elle le refuse, parce que *tel est son bon plaisir*, et que la Charte lui en a donné le droit.

Voilà, d'une part des Ministres maintenus contre la volonté de la Chambre des députés, et de l'autre un budget refusé, sans que, constitutionnellement parlant, on puisse adresser le moindre reproche, soit au Roi, soit à la Chambre, ni leur imputer le plus léger excès de pouvoir.

Suivons toujours.

Que fait à la Chambre des Députés le refus du Roi de lui sacrifier ses Ministres? Rien; absolument rien. Le Roi la dissout : elle reparaît triomphante, envoyée de nouveau par les Électeurs. Le Roi la dissout une seconde fois : elle revient une seconde fois, toujours ranimée par la puissance souveraine des Colléges électoraux,

Ainsi, malgré le Roi, elle reste en présence du Roi, et se rit de son droit de dissolution.

Que fait, au contraire, au Roi le refus du budget? Il paralyse, entre ses mains l'action du gouvernement; il le détrône, pour ainsi dire; il le place entre la nécessité de céder et celle de précipiter le pays dans une révolution.

Il suit de cet état de choses que le pouvoir du Roi et le pouvoir de la Chambre des Députés, bien qu'indépendans en théorie, ne le sont pas en réalité, et que le premier est nécessairement subordonné au second.

Donc il est vrai de dire que, malgré toutes les distinctions établies par la Charte, il n'y a en effet qu'un seul pouvoir dans l'État : celui de la Chambre des Députés, ou plutôt celui des Électeurs, puisqu'il est impossible au Roi d'exercer aucune de ses prérogatives sans leur consentement, ou de refuser sa sanction à aucune des lois qu'il leur plaira de lui proposer.

Il faut renoncer à toute logique pour contester ces conséquences.

En vain la Gazette dira-t-elle que, s'il en est ainsi, il faut effacer de la Charte les articles 13, 14, 15 et 16.

Je lui répondrai, avec les révolutionnaires, que peu importent les dispositions de ces articles et les conséquences que l'on en tire en faveur de la souveraineté du Roi, si ces dispositions se trouvent annulées par les conséquences bien autrement vigoureuses des dispositions qui les suivent.

On ne saurait assez le répéter : dans l'examen de toute constitution politique, la question de savoir qui *a droit* à la souveraineté, est une question purement oiseuse. La seule chose importante à connaître, c'est de savoir à qui appartient *en fait* l'exercice de la souveraineté. Le droit, dépouillé du pouvoir, ne signifie absolument rien, parce que, dans ce cas, le droit ne peut se faire reconnaître qu'au moyen d'un changement dans le pouvoir ; que ce changement ne peut s'opérer que par des

mesures extraordinaires ; et qu'on ne peut
pas toujours faire appel à la force.

Ainsi : que le Roi soit déclaré *le chef
suprême de l'État ;* qu'il ait le droit *de
faire la paix ou la guerre, de nommer
à tous les emplois de l'administration
publique, de proposer la loi et de la
sanctionner;* que fait tout cela? La Chambre des Députés, par le droit qu'elle a de
refuser l'impôt, ne peut-elle pas toujours
contraindre le Roi de faire la paix quand
il veut la guerre, et la guerre quand il
veut la paix ; de choisir ses Ministres dans
telle nuance d'opinion, et enfin de lui proposer telle ou telle loi?

Ce n'est point avec des arguties et des
sophismes qu'on peut échapper à des conséquences aussi nettes et aussi positives.
Que cette forme de gouvernement qu'on
est convenu d'appeler *gouvernement représentatif,* c'est-à-dire celle qui confère
à une assemblée nationale quelconque le
droit de voter l'impôt, ait été établie par
une démocratie victorieuse; ou par une puissante noblesse, réunie contre son Prince ;

ou par un Roi désireux de se concilier
l'affection de son peuple : tout cela ne
change rien au fond des choses. Les conséquences du gouvernement établi n'en
sont pas moins les mêmes. Un grain de
blé ne produit pas un épi différent pour
avoir été semé par un Prince, par un
gentilhomme ou par un paysan. Et quand
la loi remet à chaque Député une boule
blanche et une boule noire, on ne persua-
dera à personne que ce Député n'ait pas le
droit de mettre dans l'urne celle des deux
boules qu'il lui plaira choisir, parce que
la forme de gouvernement qui lui confère
ce droit a été octroyée au peuple par le
Roi, et non point imposée au Roi par le
peuple. Qu'on dise qu'il ne doit rejeter le
budget que dans des circonstances extraordinaires ; qui en doute ? Mais encore, il
est juge de ces circonstances.

Je n'examinerai pas si cet état de choses
est bien celui que Louis XVIII a entendu
instituer ; je dis seulement que c'est celui
qu'il a institué de fait ; et que, s'il est permis
de penser qu'il n'a pas prévu toutes les

conséquences de la Charte, il n'est pas du
moins permis de les nier.

Reconnaissons donc avec franchise que,
par le résultat de la Charte, la Royauté
est dépouillée de son ancienne souveraineté, et que cette souveraineté se, trouve
aujourd'hui placée dans les Colléges électoraux.

· Passons aux conséquences qui résultent
pour la royauté de l'organisation actuelle
des Colléges électoraux.

Les Électeurs se composent de six classes principales de citoyens :

1° De petits propriétaires,
2° De petits marchands,
3° De gros fermiers,
4° D'hommes de loi,
5° De riches négocians et de banquiers,
6° Enfin de quelques grands propriétaires.

Mais comme ces six classes d'Électeurs
votent toutes réunies et confondues dans
les mêmes Colléges, il s'ensuit que la classe
la plus nombreuse, celle des petits propriétaires, fait la loi à toutes les autres ; et

que, par conséquent, les Colléges électoraux pourraient être considérés comme
uniquement composés de petits propriétaires. Maintenons cependant la distinction que nous avons établie, pour avoir occasion d'examiner l'esprit particulier dont
ces diverses classes sont animées.

Les trois premières classes, absorbées
dans les détails de leur commerce ou de
leurs travaux agricoles, incapables d'ailleurs de toute haute pensée, n'ont jamais
assez de loisir pour porter leur attention
sur la nature du Gouvernement qui les
régit; d'où il suit que, quand ces Électeurs se voient amenés sur la scène politique, ne trouvant en eux-mêmes aucune
lumière qui puisse les guider dans l'exercice de leurs droits, ils deviennent nécessairement la proie des préventions particulières à leur position sociale, et des
hommes qui les précèdent immédiatement
dans la hiérarchie naturelle des conditions;
c'est-à-dire, des hommes de lettres, et principalement des hommes de loi.

Les hommes de loi, qui composent

la quatrième classe des Électeurs, ont l'esprit beaucoup plus ouvert sur le mouvement général de la société que les Électeurs des classes que j'ai spécifiées en premier; ils connaissent assez exactement le mécanisme extérieur du gouvernement, la hiérarchie et les attributions des différens pouvoirs établis dans l'État. Mais, renfermés eux-mêmes dans la spécialité des lois qui régissent l'ordre civil, ils n'ont qu'une idée très superficielle des lois qui régissent l'ordre politique, et ne comprennent en aucune manière les conditions spéciales de chaque forme de gouvernement.

Les banquiers et les négocians, plus rapprochés, par leur fortune et leurs relations, des grands fonctionnaires de l'État, se trouvent mieux placés que les gens de loi, pour se former une opinion exacte de la nature et des besoins du gouvernement établi; mais ils sont emportés par un mouvement d'affaires si rapide et si violent, ils sont tellement dominés d'ailleurs par la passion du gain, qu'ils deviennent inac-

cessibles à tout ordre d'idées, et incapables
de toute étude qui n'aient pas l'argent pour
objet.

Reste donc la classe des grands propriétaires, qui, seule entre toutes les classes
dont se composent les Colléges électoraux,
puisse s'élever aux conceptions d'ordre public. Or, cette classe est tellement res-
treinte aujourd'hui en France ; elle y a si
peu d'influence sur les masses, par suite
de la mobilité de la propriété foncière, que
la sagesse de ses principes se perd dans l'i-
gnorance générale et dans les préjugés grossiers de l'immense majorité des Électeurs.
Je ne veux point forcer les conséquences
déjà si graves de cette ignorance des Électeurs ; j'accorderai qu'on peut être apte à
distinguer les gens capables de diriger les
affaires, sans être en état soi-même de les
diriger ; mais on me permettra aussi de conclure du défaut de lumières que je viens de
signaler dans la plus grande partie des membres des Colléges électoraux, qu'aucun sentiment des besoins de la société ne pourra
jamais balancer en eux la violence de leurs

2

passions, et que ces passions leur dicteront toujours le choix de leurs députés.

Or, quelles sont en général les passions dominantes chez les hommes dont la loi de 1817 a composé les Colléges électoraux ?

C'est l'amour de l'égalité, la haine des distinctions sociales, et une répugnance prononcée pour toute espèce de dépense qui ne s'applique pas directement à un objet positif et matériel d'utilité publique.

Je dis que ces passions sont celles des Électeurs actuels : non que je veuille les représenter comme particulièrement subjugués par les préjugés de la révolution ; mais parce que ces passions sont des passions naturelles, qui ne peuvent être combattues dans le cœur de l'homme que par des connaissances politiques que les Électeurs ne sauraient avoir, ou par des conditions d'intérêt personnel auxquelles ils sont absolument étrangers.

Le peuple ne raisonne pas il sent, il désire, et s'abandonne avec confiance à toute l'ardeur de ses impressions. Il n'est donc pas de peuple, et j'entends ici par peuple la généralité des hommes qui composent les classes moyennes de la société ; il n'est pas de peuple, dis-je, qui puisse résister long-temps au charme des idées républicaines. A moins qu'un sentiment religieux profondément gravé dans son cœur, ne lui fasse, comme aux Juifs, apercevoir le doigt de Dieu dans la forme particulière de son gouvernement, ou que l'intime conviction de son ignorance ne lui fasse regarder certaines familles comme exclusivement propres à le conduire : toujours il tournera les yeux avec complaisance vers le gouvernement des assemblées nationales, et toujours il pensera que l'état de société le plus parfait est celui où tous les citoyens, absolument égaux entre eux, ne seraient distingués les uns des autres que par l'étendue de leurs lumières, et le degré de leur intelligence ; celui où les emplois publics appartiendraient aux plus dignes et aux plus capables ; celui enfin où les magistrats, dispensés de toute représentation, ne recevraient, pour prix de leurs services, que les plus stricts émolumens.

Cette opinion, commune à tous les peuples, est d'autant plus inébranlable qu'elle ne prend pas sa source seulement dans leur jalousie naturelle contre les classes supérieures; mais qu'elle provient encore de la croyance naïve où ils sont qu'un tel état de choses peut se réaliser; et que les rangs, les priviléges, les titres, et toutes les distinctions sociales ne contribuent en rien au maintien de l'ordre public et à la prospérité réelle de l'État.

Il faut avoir vécu dans l'atmosphère impure où se meuvent les partis; il faut avoir connu les basses manœuvres des aspirans au pouvoir, leur indifférence politique, leur vénalité, leur cupidité, et surtout leur profond mépris des intérêts du peuple, pour apprécier les avantages d'un gouvernement régulier; assis sur des intérêts positifs; et qui, plaçant le pouvoir au-dessus des honteuses passions qui l'assiégent, les force à ramper dans le cercle étroit de l'intrigue, sans pouvoir s'élever assez haut pour jeter le trouble dans l'État. -. .....

Mais le peuple n'a point cette triste expérience. Éloigné de cette arène de mensonge et de corruption, rien ne détruit ses illusions. Il ne voit dans les efforts de la foule d'intrigans qui se disent ses défenseurs, que la noble émulation du zèle et du patriotisme; dans leurs déclamations contre les priviléges, qu'un louable dévouement à ses intérêts; et dans leurs projets de réformes, que le généreux desir de ramener le gouvernement à sa destination primitive. Il sera donc toujours de moitié dans leurs attaques contre l'aristocratie : soit qu'elle résulte de la force, ou qu'elle soit établie par la loi elle-même.

A ces dispositions anti-monarchiques que je signale comme les dispositions constantes des classes moyennes, opposera-t-on l'amour si renommé que le peuple français portait autrefois à ses Rois ? A cela je répondrai que la jalousie et la haine des classes moyennes contre toutes les supériorités sociales, ne se manifestent pas toujours d'une

manière éclatante. Le plus souvent au contraire ces sentimens restent ensevelis dans le
fond des cœurs, inconnus même à ceux qui
étaient destinés à les éprouver avec le plus de
violence. Mais il n'en faut pas conclure qu'ils
n'existent pas. Ils ne se taisent que faute
d'occasion de se développer, ou parce qu'une
circonstance particulière exerce alors sur
la nation une influence supérieure à toute
autre. Que cette influence disparaisse ; que
le cours du temps affranchisse les passions
du peuple des préjugés ou des affections
qui les retenaient captives ; qu'il mette ces
passions en contact avec quelque grande
attribution politique : alors elles s'enivre-
ront avidement des espérances les plus funestes ; elles menaceront tous les droits ac-
quis ; tous les priviléges établis, et s'atta-
queront jusqu'à l'autorité qui aura consa-
cré ces priviléges, et dont le devoir est de
les maintenir.

-- Telle était la situation de la nation française au moment de la révolution. Jusqu'en
1789 elle avait conservé la mémoire des
bienfaits de la Royauté, et de la protection

que le trône lui avait accordée contre les
vexations des grands. Ces souvenirs étouf-
faient en elle tout autre sentiment. Mais
aujourd'hui que la chaîne de ces souvenirs
a été brisée, que la Royauté ne s'offre plus
aux yeux des peuples que comme un pouvoir
positif, elle ne doit espérer de leur part aucune prévention favorable, mais elle doit s'attendre au contraire à être jugée par eux avec
toutes leurs passions et tous leurs préjugés.

Ainsi les Électeurs créés par la loi de
1817 ne comprendront jamais qu'une
Chambre composée de membres héréditaires, comme l'est la Chambre des Pairs,
parmi lesquels par conséquent la nature
a semé au hasard le talent et l'incapacité,
puisse apporter à l'examen des affaires
la même masse de connaissances qu'une
Chambre qui serait composée d'hommes
précisément choisis à raison de leur ins-
truction et de leurs lumières. Jamais ils
ne comprendront non plus qu'il puisse y
avoir un avantage réel pour l'État à ce
qu'un certain nombre de familles soient
investies du droit de porter des titres qui
les distinguent du reste de la nation ; et s'il

faut dire la vérité tout, entière, à peine
pourront-ils voir autre chose dans le pouvoir même de la Couronne, qu'un vieil abus
fondé sur des principes qui ne sont plus
admis aujourd'hui par personne. Aussi, à
chaque Élection, quelles vives inquié-
tudes s'emparent de la Royauté! Quelles
ardentes supplications elle adresse aux
Électeurs! Quelle modération elle leur
promet, dans l'exercice de son pouvoir!
Quelles assurances elle leur donne de son
respect pour leurs droits! Comme on
voit qu'elle est persuadée qu'ils ne cher-
chent qu'un prétexte pour se délivrer d'elle
et se gouverner eux-mêmes!

Mais supposons que je me suis trompé
sur les dispositions politiques que les Électeurs doivent puiser dans leur situation
sociale; et qu'en dépit de toutes mes con-
jectures les citoyens qui composent aujourd'hui les Collèges électoraux soient en
effet sincèrement attachés à la Monarchie.
Prenons un instant pour vraies toutes leurs
protestations.

Ils ne veulent, disent-ils, porter aucune

atteinte à la Royauté. Ils consentent que la couronne demeure dans la maison de Bourbon; et même (notons bien ce point!) qu'elle demeure dans la branche aînée de cette maison. L'ordre de choses établi par la Charte, quelque imparfait qu'il soit *en principe*, leur paraît un ordre de choses tolérable, et ils n'exigent rien au-delà. Ils demandent seulement qu'il ne soit pas entravé dans son mouvement naturel et régulier, par des actes de violence : c'est-à-dire, ils demandent qu'on laisse aux Colléges électoraux le jugement en dernier ressort de toutes les contestations qui pourront s'élever entre le Roi et la Chambre élective. Admettons qu'en effet ils n'aient pas d'autres prétentions.

Mais qui répondra à la Couronne qu'ils ne seront jamais plus exigeans, et qu'un jour ne viendra pas où il leur paraîtra contraire à la raison et à la dignité du peuple, que la Chambre des Députés, c'est-à-dire la Chambre qui représente plus particulièrement l'opinion de la nation, soit associée dans l'exercice de la puissance légis-

lative avec une Chambre des Pairs héréditaire et une Royauté héréditaire?

Me dira-t-on que ce sont là des crain-
tes chimériques? Pourquoi? Qui peut assigner des limites à la volonté de l'homme,
à la versatilité de ses impressions? Les
Électeurs pensent telle chose aujourd'hui;
qui les empêche de penser autre chose
demain? Et, voulût-on qu'ils fussent immuables dans leur opinion, qui empêchera
leurs enfans d'en avoir une opposée à la
leur?

Ecoutons le national (1):

« La France veut se gouverner elle-
« même, parce qu'elle le peut. Appellera-
« t-on cela un esprit républicain? Tant
« pis pour ceux qui aiment à se faire peur
« avec des mots. Cet esprit, républicain
« si l'on veut, existe, se manifeste partout,
« et devient impossible à comprimer.

« Il y a deux formes de gouvernement
« employées dans le monde pour satisfaire
« cet esprit : *la forme anglaise, et la*

(1) 18 février 1830.

« *forme américaine.* Par l'une, le pays
« choisit quelques mandataires, lesquels,
« au moyen d'un mécanisme fort simple ,
« obligent le Monarque à choisir les Mi-
« nistres qu'ils préfèrent, et obligent ceux-
« ci à gouverner à leur gré. Par l'autre,
« le pays choisit ses mandataires, le Mi-
« nistère,et le chef de l'État lui-même, tous
« les quatre ans.

« Voilà les deux moyens connus pour
« arriver au même but. *Des esprits vifs*
« *et généreux préféreraient le second.*
« Mais la masse a une peur vague des
« agitations d'une république. Les esprits
« positifs, calculant la situation politique
« et militaire de la France, son caractère,
« les troubles attachés à l'élection d'un
« Président, les intrigues de l'Étranger le
« jour de cette élection, la nécessité d'une
« portion de stabilité au milieu de la mo-
« bilité du régime représentatif; les esprits
« positifs repoussent les formes républi-
« caines. Ainsi, la peur vague des uns,
« la réflexion des autres, composent une
« préférence pour la forme monarchique.

« On devrait *être heureux*, ce nous
« semble, *de cette disposition des es-*
« *prits.* Mais cette disposition *incertaine,*
« *souvent combattue*, a besoin d'être
« secondée, et il n'y a qu'un moyen de la
« seconder : c'est de prouver que la forme
« monarchique renferme une liberté suffi-
« sante ; qu'elle réalise enfin le vœu, le
« besoin du pays de se gouverner lui-
« même. Avec le mouvement des esprits,
« si l'on ne produit pas cette conviction,
« on poussera les imaginations bien au-
« delà *de la Manche* ; on les poussera *au-*
« *delà même de l'Atlantique.* »

Ai-je donc exagéré quand j'ai dit que
les Colléges électoraux pourraient être
poussés *au-delà de l'Atlantique ?* Ne
convient-on pas qu'ils n'ont pour la monarchie *qu'une disposition incertaine et*
souvent combattue ? et que, s'il existe
aujourd'hui parmi eux une préférence de
fait en faveur de la forme anglaise sur la
forme américaine, c'est uniquement parce
que le nombre *des esprits positifs* sur-
passe par hasard celui *des esprits vifs et*

généreux ; ou que, favorisés par les circonstances, les esprits positifs ont réussi à
faire prévaloir leur opinion ? Mais le jour
où les esprits vifs et généreux seront plus
nombreux que les esprits positifs ; ou bien
le jour où les esprits positifs seront eux-
mêmes un peu moins effrayés *des agitations d'une république , des troubles
attachés à l'élection d'un Président
et des intrigues de l'Étranger au moment de cette élection ;* ce jour-là, *la
forme américaine* sera préférée *à la
forme anglaise* dans la majorité des Colléges électoraux : c'est-à-dire, la république
sera préférée à la Monarchie.

.. Concluons donc de tous les développemens auxquels nous venons de nous
livrer ; qu'il résulte de l'ordre de choses
établi par les dispositions réunies de la
Charte et de la loi des Élections :

1° Que la souveraineté a été placée tout
entière dans les Colléges électoraux ;

Et 2° Qu'elle a été placée dans des Colléges électoraux qui sont *déjà hostiles,* ou

qui *peuvent devenir un jour hostiles* à la Royauté.

La conséquence immédiate de cet ordre de choses, c'est qu'il ne reste plus de salut pour la Royauté que dans une mesure extraordinaire qui remplace, par une loi nouvelle, la loi actuelle des Élections.

Mais telle est notre profonde ignorance en tout ce qui touche à la politique, que ces vérités, tout évidentes qu'elles sont, trouvent cependant encore une vive résistance, même chez des hommes dont le dévouement ne peut être mis en doute.

Ces hommes veulent bien avouer que la loi des Élections réclame quelques modifications; mais leur prévoyance ne va pas plus loin : et l'on ne peut leur faire comprendre que cette loi, ayant été conçue dans un esprit directement contraire à la Royauté et aux priviléges consacrés par la Charte, ne saurait être maintenue dans aucune de ses parties, et qu'elle doit être remplacée par un système établi sur une nouvelle base.

Sans doute, disent-ils, la loi des Élec-

tions a produit de mauvais choix ; mais il
ne s'ensuit pas qu'elle soit essentiellement
mauvaise. Il en est sorti aussi de bons choix ;
il peut en sortir encore de semblables , à
l'aide desquels on pourra faire à la loi des
Élections les modifications nécessaires : *il
ne s'agit que de changer l'opinion.*

Remarquons d'abord tous les dangers
qui se cachent sous ce peu de mots : *Il ne
s'agit que de changer l'opinion.* Vous
avouez donc que le sort de la Monarchie
dépend entièrement de l'opinion des Électeurs; de cette opinion, tantôt favorable,
tantôt hostile à la Royauté ; et vous ne fré-
missez pas pour la stabilité d'un trône assis
sur un sable aussi mouvant! Vous ne vous
hâtez pas de briser une loi qui l'expose à
tant de hasards !

Remarquons ensuite que les reproches
que j'adresse à la loi des Élections ne con-
sistent nullement en ce qu'elle a produit
de mauvais choix; mais en ce que , par la
nature même de ses dispositions, *elle n'en
peut jamais produire que de mauvais.*
Les bons choix qui en sont émanés ne

(32)

prouvent rien en sa faveur : ils ont été,
pour la plupart, ou le fruit d'un vieil attachement à la monarchie, attachement qui
s'éteint chaque jour avec les hommes
dans le cœur desquels leur éducation l'a-
vait implanté; ou le résultat de circonstances particulières. La guerre d'Espagne
avait imprimé alors à la Royauté un caractère de grandeur dont le ministère
sut profiter avec adresse, mais qui s'est
évanoui aujourd'hui; et la presse, conte-
nue dans de justes bornes, n'avait point
encore exercé ses ravages, ni développé
dans les classes moyennes ces passions
haineuses qui les poursuivent au milieu
de leur prospérité.

Tant que la loi des Élections n'aura pas
renversé le trône, on pourra toujours nier
qu'elle doive le renverser. S'ensuit-il qu'il
faille attendre, pour en reconnaître le
danger, qu'elle ait frappé la Royauté au
cœur ? Pourquoi donc alors exige-t-on
d'un homme d'État du courage et de la
prévoyance?

Mais admettons que la Royauté se rende
à ces timides conseils, et que, dans l'espé-

rance de jours plus calmes et de sentimens moins exaltés, elle se résigne à céder encore une fois à la révolution. Cherchons ce qui arrivera.

La couronne renvoie ses Ministres, et choisit les membres de la nouvelle administration dans le centre droit et le centre gauche : parmi les hommes de la couleur de MM. Roy, Martignac, Royer-Colard, Casimir Périer, Mounier, Portal, Pasquier, Portalis, etc.

Avec ces hommes, la Couronne obtient le budget; elle obtient encore une loi sur l'amortissement; une loi sur le remboursement du cinq pour cent, et enfin une loi sur l'allocation des dépenses relatives à l'expédition d'Alger. Mais examinons à quelles conditions ces lois lui seront accordées; car il ne faut pas croire les révolutionnaires assez simples pour ne pas profiter cette fois de leurs avantages et ne pas s'assurer toutes les concessions qui leur manquent encore.

Arrêtons-nous donc un instant sur les besoins du parti révolutionnaire.

3

. Non moins inquiéts que la Royauté sur
les chances de l'avenir, les républicains
réfléchissent aussi depuis long-temps sur
la situation que la Charte leur a faite ; et
s'ils voient avec joie tous les instrumens
qu'elle a mis entre leurs mains pour ren–
verser le trône, ils voient aussi avec dou–
leur que ces instrumens, tout-puissans
sur la classe moyenne, ne leur donnent
cependant aucune action sur le peuple.

Or, sans le peuple, comment renverser
le trône ? Comment faire face à l'Étran–
ger ? Comment établir et soutenir la ré–
publique ?

Tous les efforts des révolutionnaires se
sont donc tournés vers les moyens les plus
propres à faire entrer le peuple dans l'ordre
politique, et à l'associer à leurs passions.

C'est dans ce dessein profondément
pervers, qu'aux premiers temps de la restauration, ils ont excité tant d'alarmes
sur le rétablissement des dîmes et des
droits féodaux; et qu'aujourd'hui que ces
terreurs sont usées ils réclament avec tant
d'instance le rétablissement de la garde

nationale; une nouvelle organisation com-
munale et départementale; l'attribution
au jury de tous les délits de la presse, et
la suppression du double vote et de la septennalité.

—Au moyen de ces quatre grandes inno-
vations, ils espèrent :

1° Créer à la révolution une armée immense, et d'autant plus redoutable qu'elle
agira sur les troupes de ligne, moins par
la terreur des armes que par la manière
dont elle sera composée;

2° Intéresser le peuple des campagnes à
leur prétendue réforme sociale, en lui
conférant la nomination de ses officiers
municipaux;

3° Faire disparaître les obstacles qu'ils
rencontrent encore dans les tribunaux au
libre et entier développement de leurs doctrines incendiaires;

4° Se composer, dans la Chambre des
Députés, une majorité plus énergique et
surtout plus rapprochée du peuple, et plus
propre à *l'enlever*, par ses relations, par
ses mœurs et par son langage.

3.

À la première apparition du nouveau
Ministère, toutes ces demandes vont donc
lui être successivement présentées. Que
feront ces hommes *du milieu*, qui se disent encore royalistes, en présence du
parti qui les aura portés au pouvoir? Lui
sacrifieront-ils les intérêts du trône? Au-
ront-ils le courage de résister à des exi-
gences subversives de la Monarchie ? Dans
ce dernier cas, que de fureurs! que de menaces! que d'imprécations! Plus crimi-
nels aux yeux de la révolution que MM. de
Polignac et de Peyronet, ils seront mis au
ban du comité-directeur, et constitués,
comme eux, en état d'horreur à la nation.
On emploiera pour les renverser les mêmes moyens qu'on avait préparés contre
le ministère du 8 août et du 19 mai..... On
leur refusera le budget.

Voilà donc la Couronne ramenée au
même point où elle se trouve aujourd'hui;
la voilà placée encore entre la nécessité
d'une mesure extrême et celle de faire un
pas de plus vers sa ruine.

Cette position de la Couronne me four-

nit, une dernière réflexion sur les conséquences inévitables de la loi des Élections.

Cette loi ayant placé toute la puissance
politique dans la classe de la société la
plus naturellement ennemie de la Monarchie, il suit de là qu'il ne reste à la
Royauté *aucun moyen légal* de faire au
système électoral les modifications qu'exige
le maintien du trône ; tandis que la révolution se trouve avoir au contraire entre
les mains des moyens assurés de faire à
ce même système tous les changemens qui
sont dans son intérêt.

Ainsi, la suppression des patentes ; celle
de certaines autres impositions directes ;
celle des petits Colléges ; l'élévation du
cens électoral ou du cens d'éligibilité ;
sont-elles nécessaires à la consolidation
du trône? La Chambre des Députés a bien
soin de les refuser.

De l'autre côté, la suppression du
double vote et de la septennalité est-elle
nécessaire au rétablissement de la république? La Chambre des Députés demande
à la Couronne cette nouvelle concession ;

et si la Couronne la lui refuse , la Chambre , à son tour , lui refuse le budget.

La Couronne lui refuse-t-elle aussi la suppression des grands Colléges ? Pas de budget.

La diminution du cens électoral ? Pas de budget.

La fixation à vingt-cinq ans de l'âge des Électeurs , et à trente ans de l'âge des Députés ? Pas de budget.

La loi sur la garde nationale ; celle sur l'administration départementale; celle sur l'attribution au jury des délits de la presse ? Pas de budget ! Pas de budget ! Pas de budget !

Et vous voulez que la Royauté subsiste ! Le jour où Louis XVIII a signé la loi des Élections , il a signé l'abolition de la Monarchie en France.

La Royauté se trouve donc dans l'absolue nécessité de changer la loi des Élections; son existence est à ce prix.

Cette nécessité nous conduit à examiner de nouveau :

Le droit qui appartient au Roi de changer la loi des Élections ,

Et les principes qui doivent présider à l'organisation des Colléges électoraux dans l'ordre de choses établi par la Charte.

Ces deux sujets , d'une si haute importance , feront la matière des deux chapitres suivans.

CHAPITRE II.

Nouvelles réflexions sur le droit qui appartient au Roi de changer la loi des Élections.

> « Pour maintenir la Charte cons-
> « titutionnelle et les institutions
> « qu'elle a fondées, je dois faire res-
> « pecter les droits sacrés qui sont
> l'apanage de ma couronne. »
> (Proclamation du Roi, 13 juin 1830.)

Après avoir mis à nu les dangers in-
séparables de la loi des Élections, je vais
examiner, une dernière fois et sous un
nouveau point de vue, le droit qui appartient au Roi de changer un système
électoral si évidemment subversif de la
Monarchie.

Au moment où la révolution est déjà
arrivée jusqu'aux marches du trône, je

sais tous les dangers auxquels je m'expose.
N'importe ; quelqu'un du moins aura dit à
la France les trames ourdies contre son re-
pos, et lui aura enseigné les moyens d'être
à la fois libre, et fidèle à son Roi. Il y a, dans
la persévérance d'un bon citoyen, un pouvoir secret qui commande l'attention des
hommes de bonne foi , et qui les porte
à l'examen et à la réflexion.

Tout mode de gouvernement est sujet
à deux causes de destruction, essentiellement distinctes : la première , qui provient de faits étrangers aux pouvoirs établis par la constitution de l'Etat ; et la
seconde, qui prend sa source dans un vice
radical, dérivant de l'organisation même
de ces pouvoirs.

C'est dans l'appréciation exacte de ces
deux causes destructives , qu'un homme
d'État doit trouver au jour du péril, la règle
de ses devoirs : car, suivant que l'existence
du Gouvernement est menacée par l'une ou
l'autre de ces causes , il s'ouvre aussi pour
le pouvoir, deux natures de droits particulières et distinctes , dans lesquelles il est

autorisé à chercher ses moyens de salut.

Dans le premier cas, comme lorsqu'il s'agit, par exemple, d'une conspiration, d'une révolte, ou de tout autre événement de ce genre, la raison dit, ainsi que l'équité, que c'est aux seuls pouvoirs constitués, pouvoirs présumés fidèles à la loi du pays, qu'il appartient de prendre les mesures convenables pour le rétablissement de l'ordre. Mais il en est tout autrement quand le désordre s'est établi dans le sein même de la souveraineté.

Alors il est évident que la constitution ne peut plus se suffire à elle-même, et qu'aucune mesure de sûreté publique ne peut être adoptée avec le concours des pouvoirs constitués; puisque ces pouvoirs mêmes sont en état d'hostilité ouverte les uns contre les autres, et que tout concert entr'eux est devenu impossible.

Il suit de là : 1° que l'ordre ne peut être rétabli dans l'État qu'au moyen de mesures extraordinaires qui fassent disparaître les contradictions existantes dans l'organisation de la souveraineté;

. Et 2° que l'initiative de-ces mesures
ne peut être prise que *par celui·des pouvoirs établis*, *qui représente plus particulièrement le principe · vital*, *de . la
Constitution.* · ; ' · · · ' · ' · ·

. C'est ainsi qu'au 18 fructidor , le Directoire, menacé par les Conseils, sus-
pendit la Constitution de l'an 3, brisa le
parti royaliste, et réorganisa le pouvoir législatif, sans qu'aucune voix se soit élevée
alors pour contester *la légitimité* de cette
mesure. Chacun, au contraire, forcé d'en
reconnaître la nécessité dans l'intérêt du
parti républicain, estima dans le Directoire, le courage et le bon, sens qui, la lui
avaient dictée; et les vaincus eux-mêmes
rendirent justice à sa fermeté, tout en dé-
plorant le succès qu'elle avait obtenu.

. · Si le Directoire eut raison alors de jeter
un voile sur la Constitution pour sauver
la république, et si, plus tard, il devint
la risée de la France et de l'Europe, pour
s'être laissé renverser par Bonaparte, par
suite d'un attachement stupide à la lettre
de cette même Constitution; à combien

plus forte raison la Royauté n'a-t-elle pas
aujourd'hui le droit de modifier la Charte,
lorsque, par l'effet de la loi des Elections,
le principe même de la Charte, c'est-à-dire
la Royauté, se trouve dans le plus imminent péril, et ne peut espérer de secours
de la part des pouvoirs constitués, viciés
qu'ils sont dans leur essence ? Combien
d'autres motifs encore, qui manquaient à la
puissance essentiellement révolutionnaire
du Directoire, et que la Royauté peut faire
valoir en sa faveur ! N'est-elle pas, en effet,
de tous les pouvoirs établis, le pouvoir le
plus conforme à la nature et à l'étendue
de notre territoire, et le plus en rapport avec
tous les gouvernemens existans en Europe;
celui pour le maintien duquel la Charte a
été principalement conçue; celui enfin qui
l'a faite et qui l'a octroyée à la France ?

Pourquoi donc lui refuser un droit aussi
incontestable ; droit puisé dans la nature
même des choses, et qui n'a jamais été
dénié aux hommes de la révolution lorsqu'ils le mirent en pratique ? C'est qu'il
s'agissait alors de sauver la république, et

qu'il s'agit aujourd'hui de sauver la Royauté ; c'est que les principes changent avec
les intérêts , et qu'il y a dans le cœur de
certains hommes une haine si invétérée
contre les Bourbons , que ces hommes ne
craignent pas de s'exposer à la honte des
contradictions les plus grossières, pour
assouvir cette première passion.

Écoutons ce qu'ils disent pour échapper
à la conséquence de ce droit qu'ils ont eux-
mêmes proclamé autrefois contre les royalistes, avec l'accent d'une si profonde conviction.

Quelque ignorantes que soient les masses soumises à leur influence, ils n'osent
encore aspirer à leur persuader que, lorsque la souveraineté se trouve composée
d'élémens inconciliables, il ne soit pas
nécessaire de la réorganiser sur une base
nouvelle.

Ils comprennent encore que , dans les
circonstances au milieu desquelles la Charte a été établie, c'est-à-dire lorsque la
nation a reconnu au Roi le droit d'en rédiger toutes les dispositions, il est impos-

sible de prétendre que ce soit au peuple
qu'il appartienne de reconstituer la souveraineté, dans le cas où il serait démontré
indispensable d'en venir là.

Alors que font-ils ? Et ici, je prie le
lecteur de les suivre dans tous les détours
de leur langage. Ils feignent de ne pas
comprendre ce qu'on leur prouve jusqu'à la
dernière évidence : que la loi des élections
a porté le trouble *dans les élémens consti-*
tutifs de la souveraineté ; et s'attachant,
au contraire, à présenter cette loi comme
une loi ordinaire , et *qui n'aurait pas*
trait à l'organisation de la souveraineté,
ils soutiennent : 1° que cette loi est bonne
en elle-même ; et 2° qu'en la supposant
défectueuse, elle ne pourrait être changée
par le Roi qu'*avec le concours des deux*
Chambres.

Mais c'est en vain qu'ils se refusent
à une discussion aussi importante. Je ne
veux pas, moi, qu'ils échappent au combat; et que, fuyant devant toutes les
objections, ils se donnent les honneurs
du droit et de la raison. Je leur dirai
si haut que la loi des Élections est

une loi à part et qui ne peut être
faite et refaite que par le pouvoir
chargé d'établir la constitution, què
je les forcerai bien de s'expliquer sur ce
point.

Qu'ils me disent si la loi des Élections ne forme pas la Chambre des Députés, c'est-à-dire une des branches
de la puissance législative ; c'est-à-dire
une des parties intégrantes de la souveraineté ?

. S'ils sont obligés de convenir de toutes
ces vérités, comment nier que la loi des
Élections ne soit une des lois constitutives
de la souveraineté ?

Maintenant, je les prie de supposer que
cette loi ait constitué, par le fait, une
souveraineté composée d'élémens incom-
patibles ; nieront-ils qu'il n'y ait lieu de
reconstituer la souveraineté ?

Enfin, dans ce cas, je leur demanderai
à qui, du Roi ou du Peuple, il appartient
de reconstituer la souveraineté ?

Qu'ils ne craignent pas de répondre que
c'est au Peuple, et exclusivement au Peuple : je connais à cet égard le fond de leur

pensée. Mais alors je leur demanderai si nous vivons sous une Monarchie, ou si nous sommes en république?

Que les révolutionnaires renoncent donc à raisonner comme s'il s'agissait d'une loi politique ordinaire, ou comme si la souveraineté était établie en France, ainsi qu'elle l'est en Angleterre, d'une manière définitive, suivant un mode éprouvé par le temps et qui soit en harmonie dans toutes ses parties. Oh ! sûrement alors ce serait à la souveraineté constituée à décider sur toutes les questions ; même sur celles qui pourraient tendre à la modifier elle-même : parce que les questions présentées seraient étrangères à l'organisation de la souveraineté, ou que l'accord régnant entre tous les élémens de la souveraineté les rendrait propres à opérer sur eux-mêmes les modifications exigées par le temps. Mais lorsqu'au contraire tous les élémens de la souveraineté sont en état d'hostilité déclarée les uns contre les autres, il faut chercher, en dehors de la souveraineté, un pouvoir constituant, pour rétablir l'ordre dans l'État.

Or, ce pouvoir ne peut appartenir en France qu'à la Royauté ; non seulement parce qu'elle représente, plus qu'aucun autre pouvoir, le principe particulier du gouvernement établi par la Charte ; mais parce qu'elle est ce principe lui-même, et qu'elle peut dire d'elle, en fait de légalité : *Ego sum panis et vita.*

J'accorderai aux révolutionnaires qu'ils peuvent contester *en fait* que la loi des Élections soit incompatible avec la Royauté. Mais je soutiens que, dans le cas où il serait établi, contre leur sentiment, que cette loi est réellement subversive de la Monarchie, ils ne peuvent *en droit* refuser à la Royauté le pouvoir de la changer.

La grande question qui fixe aujourd'hui l'attention de la France, se réduit donc à une simple question de fait : la loi des Élections est-elle ou n'est-elle pas en harmonie avec les pouvoirs consacrés par la Charte ? Sur cette question, je prie le lecteur de me permettre de le renvoyer à la première partie de cet ouvrage.

Ainsi, dans le danger qui menace sa couronne, le Roi tient *de la loi naturelle politique* le droit de modifier le genre de souveraineté établi par la Charte. Mais, autant il est juste de reconnaître ce droit dans la Royauté, autant il est heureux qu'elle soit dispensée de la nécessité d'y avoir recours ; nécessité qui semblerait remettre en question les libertés si solennellement reconnues à la nation. Applaudissons-nous donc que la Royauté puisse trouver dans les intentions qui ont présidé à la rédaction de la Charte, et dans le texte même de la Charte, toute l'autorité dont elle a besoin pour terrasser la révolution.

Reportons-nous à 1814.

C'est une époque, je le sais, dont tous les souvenirs sont déjà bien usés. Mais comme cette époque est celle de la prétendue transaction entre le Roi et la nation, il faut évidemment, pour apprécier avec exactitude les effets de cette transac-

4.

tion, rendre présentes à tous les esprits
les dispositions particulières dont le Prince
et le Peuple étaient alors animés.

Bonaparte venait d'être précipité du
char de la victoire; il avait été brisé sous
sa roue.

Il fallait à la France un gouvernement,
pour traiter avec l'Etranger, et pour répa-
rer ses propres malheurs.

L'Europe n'aurait point traité avec une
république; et la France avait appris trop
chèrement elle-même les dangers de cette
forme de gouvernement pour vouloir la
rétablir.

La Royauté était donc le vœu général
du pays, comme elle était la condition indispensable de la paix.

La Royauté rétablie, la France lui dit :
Donnez-moi la liberté; c'est-à-dire donnez-moi une forme de gouvernement quelconque, qui permette à la nation de coopérer à la formation de la loi et à l'établis-
ment de l'impôt.

Et la Royauté répondit : Voici la Charte
qui remplira tous vos vœux. Elle déclare

qu'à l'avenir la puissance législative s'exer-
cera collectivement par le Roi, la Chambre des Pairs et la Chambre des Députés ;
et qu'en outre, aucun impôt ne pourra
être établi ni perçu s'il n'a été consenti
par les deux chambres et sanctionné par
le Roi.

Voilà les faits, tels qu'ils se sont passés
à la face de l'Europe, entre la France et la
Royauté. Il n'y a pas eu d'autres prétentions élevées d'une part, d'autres engage-
mens contractés de l'autre.

La France n'a point dit à la Royauté :
Voilà le mode de gouvernement que je vous
impose. Elle lui a dit au contraire : Éta-
blissez vous-même le mode de gouvernement qui doit consacrer vos droits et les
miens.

Et ce n'est pas seulement parce que la
Royauté était alors en France le seul pouvoir existant et le seul qui pût être reconnu par l'Europe, que la France lui a
confié le soin de choisir la forme du nouveau gouvernement. Mais c'est que la nation sentait que, dans l'état de désorgani-

sation absolue où elle se trouvait, et dans l'absence de toute classe de citoyens personnellement intéressés à la défense du trône, il n'y avait que la Royauté qui fût en état de connaître ses propres besoins, et d'apprécier les institutions qui lui étaient nécessaires pour se maintenir en présence de la liberté.

Il suit de là : 1° Que la souveraineté nouvelle devait être constituée par le Roi;

2° Qu'elle devait être constituée de manière à ce qu'elle ne pût jamais mettre la Royauté en danger.

S'il est quelqu'un assez aveuglé pour nier ces deux propositions, ce n'est plus à lui que je parle : il est hors de ma discussion, parce qu'il se place hors de la Charte et des faits solennels qui ont présidé à sa rédaction.

Développons ces deux propositions.

Première proposition :

La souveraineté nouvelle devait être constituée par le Roi.

Eh bien! si l'acte par lequel le Roi croyait avoir constitué une souveraineté n'a point, par le fait, constitué une souveraineté, que doit-on en conclure?

Peut-on nier qu'alors cet acte ne doive être considéré comme non avenu, et que ce ne soit au Roi à en rédiger un nouveau, qui constitue réellement une souveraineté? Autrement, la souveraineté n'aurait pas été constituée par le Roi : ce qui serait contraire à la proposition que nous venons d'établir.

Deuxième proposition.

La souveraineté que le Roi était appelé à constituer, devait être calculée de manière qu'elle ne pût mettre la Royauté en danger.

Eh bien encore! si la souveraineté avait été constituée par la Charte, de telle sorte que les pouvoirs établis par elle se trouvassent de fait en état d'hostilité permanente contre la Royauté, que faudrait-il conclure de cet état de choses? Niera-t-on que, dans cette hypothèse, le Roi n'eût aussi le droit de changer le mode d'organisation de la souveraineté, puisque autrement le trône pourrait être renversé par

le mouvement régulier de la constitution :
ce qui serait contraire à la deuxième proposition , ci-dessus énoncée. ;.

Il ne s'agit donc plus que d'examiner
deux choses :

1° Si la Charte , telle qu'elle est sortie
des mains de Louis XVIII , constitue réellement une souveraineté ; et 2°, si cette
souveraineté est telle qu'elle puisse mettre
le trône en danger.

Qu'est-ce qu'une souveraineté constituée?

C'est une souveraineté dans laquelle la
puissance législative est définitivement organisée.

Que si cette puissance réside dans plu-
sieurs corps différens , et que l'un de ces
corps soit resté *à organiser*, n'est-il pas
évident que la puissance législative, et par
conséquent la souveraineté, *n'aura pas
été organisée :* puisque cette organisation
dépendra de la manière dont sera posté-
rieurement organisée la partie non-organi-
sée de la puissance législative. .

Cette vérité sera bien plus sensible en-

core s'il s'agit d'un gouvernement représentatif, dans lequel il existe une Chambre
élue par la nation, et si c'est précisément
le mode de composition de cette Chambre
qui a été omis dans la Constitution ; car,
comme il est démontré aujourd'hui pour
tout le monde que, dans un pareil système
de gouvernement, toute la Constitution réside dans le mode de composition de la
Chambre élective, et que cette Constitution,
sera, ou démocratique, ou aristocratique,
ou même purement monarchique, suivant
ce que sera ce mode de composition, il est
évident qu'à défaut de loi qui le détermine,
il n'y a pas de constitution du tout.

Donc, Louis XVIII, en omettant d'organiser par la Charte les Colléges électoraux, et par conséquent la Chambre des Députés, et par conséquent la branche la plus
importante de la puissance législative, *a
laissé la souveraineté non organisée.*
Donc le vœu de la France n'a pas été
rempli ; la Charte est restée incomplète,
et la Royauté est dans l'obligation de l'a-
chever.

Mais veut-on supposer que la loi actuelle des Élections soit *l'œuvre exclusive*
de Louis XVIII, et qu'elle ait complété
la Charte et organisé la souveraineté, telle
que nous la voyons aujourd'hui ? Je soutiens alors, par tous les motifs développés
dans la première partie de cet ouvrage,
que Louis XVIII a organisé une souveraineté incompatible avec la sûreté du
trône ; et que, par conséquent encore, la
Royauté doit se hâter de là reconstruire sur
un autre plan.

Ici, l'effroi s'empare de certains esprits
inquiets qui supposent toujours au trône le
penchant de tout envahir.

S'il en est ainsi, s'écrient-ils; si le Roi
a légalement le droit de changer la Charte,
sous le prétexte qu'elle est incompatible
avec la sûreté du trône ; alors il n'y a plus
de gouvernement sur lequel on puisse comp-
ter. La seconde Charte substituée à la
première, sera bientôt remplacée par une
troisième; ou pour mieux dire, chaque
prince pourra choisir arbitrairement la
forme de gouvernement qui se prêtera le

mieux à sa tyrannie. Nous ne serons plus
des citoyens, plus même des sujets ; mais
de misérables esclaves dont le prince sera
maître d'enlever les biens, la liberté, la
vie !.....

Je leur dirai à mon tour : S'il en était
autrement, il n'y aurait plus de Royauté
possible ; car, puisque la loi des Élections
a établi la république au sein même de la
Monarchie, il faut, de toute nécessité, que
la Royauté ait le droit de renverser cette
loi, ou qu'elle se retire devant elle.

Mais les conséquences que l'on tire du
droit que j'attribue au Roi, ne sont pas
des conséquences sérieuses ; on ne les fait
sonner si haut, que pour effrayer les esprits crédules. Les révolutionnaires savent
bien que la nature a mis, dans l'intérêt
personnel de chaque homme, des bornes
à peu près certaines à tous ses excès ; et,
que, dans l'état actuel de la société, il n'est
pas à craindre qu'un Roi, sans la plus
évidente nécessité, s'engage dans une en-
treprise aussi périlleuse que celle de changer la constitution de son pays.

Eh mon Dieu! nous ne sommes plus au temps des tyrans!

Les princes ne demandent qu'à vivre en possession paisible d'un pouvoir partagé. Mais si ce pouvoir, ainsi réduit, se trouve encore contesté, il faut bien qu'ils tirent de la loi naturelle, ou de la loi du pays, le droit de se défendre contre la sédition, quelque part qu'elle soit placée.

Au reste, il ne s'agit pas de changer les conditions arrêtées en 1814 entre la France et la Royauté: c'est-à-dire il ne s'agit pas de porter atteinte aux droits reconnus à la nation de coopérer à la formation de la loi et à l'établissement de l'impôt. Il s'agit seulement de modifier *la forme du gouvernement* établi par la Charte; forme qui, ainsi que nous l'avons vu, avait été laissée par la nation, *au choix exclusif du Roi*; et dont la première condition était d'assurer à la fois les droits de la Couronne et ceux de la Nation.

Les révolutionnaires élèvent une autre objection, qu'ils présentent avec un air de triomphe à ceux dans l'esprit desquels ils n'ont pu ébranler la légitimité des droits de la royauté.

Le Prince, disent-ils, se prétend en danger. Qui appréciera ses alarmes? Qui jugera, entre lui et le peuple, s'il existe en effet des motifs suffisans pour changer la forme du Gouvernement?

Cette objection n'a pas de sens. Si l'on refuse au Roi le droit de déclarer que ces motifs existent, sous prétexte qu'il est partie au procès, on ne pourra attribuer au peuple le droit de dire que ces motifs n'existent pas : car, lui aussi est partie au procès. Or, après le Roi et le Peuple, il ne reste plus rien; cependant il faut bien que le différend soit jugé.

On n'a pas été si difficile, au 18 fructidor, sur le choix du juge. Demandez à M. Benjamin Constant quel pouvoir a jugé alors, entre le Directoire et les Conseils, que la République était en danger? Qui a prononcé la condamnation d'un si grand nombre de membres du Corps Législatif, de publicistes et de citoyens? Qui a *mandé et ordonné* au Directoire de mettre cette condamnation à exécution?

Les motifs qui font un devoir à la Royauté de changer la forme du Gouvernement ne sont pas toujours susceptibles d'être mis au jour. Il est difficile de les faire entrer dans la raison de tout un peuple. Il est même de leur nature d'être essentiellement en dehors de toute preuve positive et de toute règle ordinaire d'appréciation.

Supposons par exemple que les Électeurs aient réellement le projet de substituer à la Charte le gouvernement des Etats-Unis, comme cela arriverait, suivant le national, si les Colléges électoraux étaient composés en majorité *d'esprits vifs et généreux.*

Supposons encore que ce projet se manifeste dans toutes leurs paroles, dans tous leurs actes, dans tous leurs sentimens.

Que pourrait faire la Couronne, de cette masse de faits, si concluans pour les sujets fidèles, mais si faciles à contester par les factieux?

Les opinions des Électeurs ne sont pas,
comme celles des Magistrats, manifestées
et fixées par des décisions écrites. Ce qu'ils
pensent, même le plus à découvert, ne
peut jamais servir de titre contre eux.
Verba volant. L'expression précise et
légale de leurs sentimens ne se trouve
écrite nulle part. Lorsque, en haine des
priviléges de la Chambre des Pairs, ils
auront choisi tel homme pour député,
où la Couronne ira-t-elle saisir la preuve
de cette félonie? Si Grégoire n'eût pas
adhéré, par un acte public, à la condamnation du Roi, qui aurait pu prétendre
qu'il avait été envoyé à la Chambre en
haine de la Royauté?

C'est donc encore ici la nature des choses qui veut que la Royauté n'ait d'autre
juge de la nécessité de réformer la Charte
que sa propre conscience. Qu'elle n'use
de son droit que dans un vrai danger, et
bientôt la conscience de ses sujets jugera
comme la sienne et approuvera hautement
ses mesures. Quand le trône est menacé,
tout autre devoir s'anéantit pour le Roi

devant le grand devoir de préserver son peuple d'une révolution.

Tels sont les droits qui appartiennent au Roi par suite des intentions qui ont présidé à la rédaction de la Charte. Voyons ceux qui lui appartiennent en vertu des dispositions mêmes de la Charte.

La Charte attribue au Roi quatre pouvoirs distincts :

Le pouvoir exécutif,

Un pouvoir législatif,

෮ Un pouvoir dirigeant,

Et un pouvoir conservateur.

Le pouvoir exécutif résulte des articles 13, 14, 57, 67 et 71, qui statuent : (art. 13) Qu'au Roi seul appartient la puissance exécutive; (art. 14) que le Roi commande les forces de terre et de mer; déclare la guerre; fait les traités de paix, d'alliance et de commerce; nomme à tous les emplois d'administration publique, et fait tous les règlemens nécessaires à l'exécution des lois; (art. 57) que le Roi nomme et institue les juges; (art. 67) qu'il a le droit de faire grâce et celui de

commuer les peines; et (art. 71) qu'il
fait des nobles à volonté.

Son pouvoir législatif résulte des articles 15 et 22, qui statuent :(art. 15) que
la puissance législative s'exerce collectivement par le Roi, la Chambre des Pairs
et la Chambre des Députés des départemens; et (art. 22) que le Roi seul sanc-
tionne et promulgue les lois.

Son pouvoir dirigeant résulte des articles 16, 17, 25, 27, 29, 31, 41, 43 et
50, qui statuent : (art. 16) que le Roi
propose la loi; (art. 17) que la proposition de la loi est portée, au gré du Roi,
à la Chambre des Pairs ou à celle des Députés; (art. 25) que la Chambre des Pairs
est convoquée par le Roi; (art. 27) que
la nomination des Pairs de France appartient au Roi; (art. 29) que la Chambre
des Pairs est présidée, en l'absence du
Chancelier, par un Pair nommé par le Roi;
(art. 31) que les membres de la famille
royale et les princes du sang ne peuvent
prendre séance à la Chambre des Pairs
que de l'ordre du Roi; (art. 41) que les

5

présidens des Colléges électoraux sont
nommés par le Roi; (art. 43) que le
président de la Chambre des Députés
est nommé par le Roi; et (art. 5o) que le
Roi convoque chaque année les deux
Chambres; qu'il les proroge, et peut dis-
soudre celle des Députés des départemens.

Enfin, son pouvoir conservateur résulte
de la fin de l'article 14, qui dit : Que le
Roi fait les ordonnances nécessaires pour
la sûreté de l'État.

Je ne parlerai pas des trois premiers
pouvoirs, dont les attributions n'ont aucun rapport avec le sujet de ce chapitre.
Je me bornerai au pouvoir conservateur,
résultant de l'article 14.

Ce pouvoir est dénié au Roi par les révolutionnaires, avec des accens de fureur
qui témoignent assez combien il est indispensable à la conservation du trône et
de la paix publique.

Avant d'examiner les objections des
révolutionnaires contre les termes de la
Charte qui confèrent au Roi ce pouvoir
extraordinaire, démontrons d'abord la

nécessité que ce pouvoir fût donné au
Roi pour préserver la France de nouvelles révolutions.

L'idée d'établir un pouvoir chargé de
conserver le principe du gouvernement
institué, n'était pas une idée neuve au
moment où la Charte fut rédigée. Cette
idée avait été déjà réalisée par la constitution de l'an 8, et il n'est pas étonnant
que Louis XVIII, frappé de l'avantage d'un
pareil pouvoir, ait voulu se le réserver
pour le cas où l'expérience viendrait à
signaler de graves imperfections dans la
nouvelle forme de gouvernement qu'il
avait adoptée.

Quelles que soient en effet les lumières
d'un législateur, il lui est impossible de
prévoir positivement les résultats des institutions qu'il établit : d'où il suit que
toute nouvelle forme de gouvernement,
avant de parvenir à se fixer, est sujette
à une longue suite d'essais et de tâtonne-
mens qui entraînent l'intervention conti-
nuelle du pouvoir constituant.

Si cette intervention est quelquefois

5.

utile dans les gouvernemens absolus , où
tous les pouvoirs secondaires étant soumis à un pouvoir supérieur ne peuvent
opposer qu'une légère résistance à l'exercice de la souveraineté ; à combien plus
forte raison cette intervention est-elle indispensable lors de la formation des gouvernemens libres , gouvernemens dans lesquels le mouvement de la machine politique ne peut résulter que de l'étroite
harmonie des pouvoirs constitués.

Que de temps ne faut-il pas pour s'assurer que les pouvoirs divers qui composent la souveraineté agiront toujours
dans un même esprit , et pour leur créer
des intérêts qui soient de nature à les tenir
toujours attachés au principe du gouvernement existant !

Jusque-là , comment éviter que celui
des pouvoirs qui a la plus large part dans
la souveraineté , ne s'efforce seul de faire
disparaître les vices qu'il aperçoit dans
l'organisation du gouvernement, et de
modifier cette organisation de manière
que toutes ses parties concourent dé-

sormais au but primitif du législateur.

C'est sans doute un grand malheur pour une nation . que sa constitution ne puisse être pour ainsi dire coulée d'un seul jet, et qu'elle ne puisse atteindre que successivement toute la perfection dont elle est susceptible. Mais ce malheur est inévitable ; il est inhérent à la faiblesse de l'esprit humain, et à l'impossibilité d'apprécier d'une manière exacte les divers effets des passions sociales.

Louis XVIII a donc dû prévoir que la Charte pourrait avoir un jour besoin d'être revisée ; et il est naturel que, pour ce cas, il ait voulu attribuer à la Royauté, auteur elle-même de la Charte, le droit d'y faire les modifications indiquées par l'expérience. Il est naturel surtout que Louis XVIII ait craint d'attribuer ce droit à des pouvoirs de l'ambition desquels il était possible que provînt précisément la nécessité de ces modifications.

Tel est le motif véritable de la disposition finale de l'article 14, laquelle confère au Roi le pouvoir de faire les ordonnances nécessaires pour la sûreté de l'État.

Passons maintenant en revue les principales objections des révolutionnaires contre le sens que nous attribuons à cet article.

· – L'article 14, disent-ils, n'est que le développement de l'article 13, et ne peut être considéré comme renfermant autre chose que l'énumération détaillée des diverses attributions de la puissance exécutive; lesquelles l'article 13 n'avait fait qu'énoncer d'une manière générale.

Ces mots : le Roi fait les ordonnances pour la sûreté de l'État, ne peuvent s'entendre que de mesures extraordinaires, relatives à des cas de révolte ou d'invasion.

Si, entendus ainsi, ils offrent un sens clair, pourquoi leur en chercher un autre?

. S'ils avaient été destinés, continuent-ils, à conférer au Roi l'attribution que vous supposez, pourquoi une attribution aussi importante aurait-elle été insérée à la fin d'un article, au lieu de faire elle-même l'objet d'un article particulier? Pourquoi enfin n'aurait-elle pas été exprimée en termes clairs et positifs, comme

le droit de dissolution de la Chambre des
Députés ?

Ces objections sont spécieuses, et prouvent indubitablement que la Charte aurait
pu être rédigée avec plus d'ordre et de
précision.

Mais quelle conséquence peut-on tirer
de ce défaut de rédaction, en présence
de l'exécution solennelle donnée à l'article
14, *dans le sens que je lui attribue*,
par l'auteur même de la Charte ; et cela,
sans que la moindre réclamation se soit
élevée à cet égard.

Je ne parlerai pas de l'ordonnance du 23
mai 1815, (bien qu'elle ait été rendue à la
sollicitation des Chambres, et qu'elle ait
été précisément motivée sur les dispositions
de l'article 14, entendues dans le sens que
je viens d'énoncer plus haut ;) parce que
cette ordonnance ne prescrit, en fait, que
des dispositions qui rentrent, à peu de
chose près, dans les attributions du pouvoir
exécutif.

Mais que répondre aux dispositions
extraordinaires de l'ordonnance du 13 juil-

let 1815 ? Dans quelle nature de pouvoir le Roi a-t-il pu puiser le droit d'établir ces dispositions, si ce n'est dans *le pouvoir conservateur* ou *constituant* qu'il s'est réservé par l'article 14?

Et en effet, cette ordonnance ne se borne pas à tracer un mode d'Élections provisoire (ce que l'on pourrait prétendre avoir été le résultat des attributions ordinaires du pouvoir exécutif, alors que le mode des Élections n'avait pu encore être réglé par une loi); mais, bouleversant toutes les dispositions de la Charte *relatives à la composition de la Chambre des Députés,* elle statue :

1° Que le nombre des députés, *fixé par la Charte* à 262, sera porté à 395 ;

·2° Que les Électeurs pourront siéger, pourvu qu'ils aient *vingt et un ans accomplis* ; tandis que la Charte exigeait qu'ils eussent *trente ans ;*

3° Que les Députés pourront être élus à l'âge de *vingt-cinq ans* ; tandis que la Charte exigeait qu'ils eussent *quarante ans ;*

4° Enfin, qu'un certain nombre de membres de la Légion d'Honneur pourraient être admis aux Colléges d'arrondissement, *sans payer aucun cens*; tandis que l'article 40 de la Charte statuait que les Électeurs qui concourraient à la nomination des Députés, ne pourraient avoir droit de suffrage *s'ils ne payaient une contribution directe de* 300 fr.

Voilà certes des modifications à la Charte, bien positives, bien graves, bien nombreuses, et surtout (ce point est essentiel à remarquer), *absolument étrangères à l'absence d'une loi d'élections*. Pour faire de semblables modifications, il fallait bien au Roi un droit, un pouvoir quelconque: car toutes ces modifications ont été admises par la France, et reconnues comme légales. Où donc le Roi a-t-il trouvé ce droit et ce pouvoir?

Si les révolutionnaires ne veulent pas que ce soit dans l'article 14 de la Charte, il faudra bien que ce soit quelque autre part. Sera-ce dans les droits inhérens à sa couronne, ou dans la loi naturelle? Qu'im-

porte? Il n'en résulterait pas moins que
le Roi a le droit de modifier la Charte (1).

(1) Le sens que je donne ici à l'art. 14 est le même
que celui qui lui a été attribué par M. le comte Si-
méon dans les deux rapports qu'il a faits à la Chambre des Pairs, au nom de la commission chargée de
l'examen de la loi sur la suppression de la censure
facultative. Tant il est vrai que les hommes les plus
différens d'opinions sont obligés de reconnaître
certaines vérités, lorsqu'ils veulent sincèrement le
maintien de la Royauté !

« Si la répression des tribunaux n'est pas suffi-
« sante, disait-il le 3 juillet 1828, pour arrêter un
« débordement et un péril qu'il est difficile de sup-
« poser, la loi y pourvoirait promptement pendant
« les sessions, et le Roi a toujours, hors des sessions,
« le moyen, *en vertu du droit inhérent à la Cou-*
« *ronne,* de préserver l'État d'un danger imminent. »
(Moniteur du 9 juillet 1828).

« Pour rassurer, disait-il encore le 12 du même mois,
« pour rassurer ceux qui voient un grand danger à
« ce que, hors des sessions, les Ministres n'aient pas
« la faculté d'établir la censure, si les circonstances
« paraissent l'exiger, j'avais dit que, dans un péril
« tel qu'on le suppose, le Roi, et par conséquent son
« gouvernement, *peut tout.* On m'a reproché de pré-
« férer ce qu'on appelle un coup d'État à une dispo-
« sition légale. Oui, je le préfère, et je crois, avec
« raison; voici pourquoi :

Maintenant, qui oserait prétendre que
les droits que le Roi avait en 1815, un an
après la promulgation de la Charte, les
droits *qu'il a exercés*, que la France lui
a reconnus et *auxquels elle s'est sou-
mise*, il ne les a plus aujourd'hui? Que
s'est-il donc passé depuis lors? Une nouvelle révolution se serait-elle opérée dans
les esprits?

Résumons-nous.

La loi des Élections est essentiellement
subversive de la Royauté. Elle a jeté le
désordre parmi les pouvoirs qui composent la nouvelle souveraineté établie par
la Charte, et elle a rendu impossible tout

« La Charte réserve au Roi *de faire les règlemens*
« *et ordonnances nécessaires pour l'exécution des*
« *lois et la sûreté de l'État.* Il n'est donc pas besoin
« que la loi lui fasse une réserve de ce qu'il tient *de*
« *la Charte et de son droit de chef suprême de*
« *l'État.* S'il y a danger imminent, *la dictature,*
« pour y pourvoir en l'absence des Chambres, *lui*
» *appartient.* Il pourrait aussi, en cas de danger
« imminent, suspendre la liberté individuelle. »
(Moniteur du 15 juillet 1828. Supplément).

concours entre ces pouvoirs pour faire
cesser ce désordre.

Dans un pareil état de choses, les droits
ordinaires de la Royauté font place à un
droit nouveau: celui d'aviser aux moyens
de rétablir l'harmonie dans la constitution
de l'Etat.

Ce droit de la Royauté se puise:

1° Dans la loi naturelle, c'est-à-dire, dans
le droit de légitime défense;

2° Dans les intentions qui ont présidé à
la rédaction de la Charte;

3° Dans le texte même de la Charte.

Investie contre la révolution de titres
aussi puissans, que tarde la Royauté à
l'attaquer en face? Qu'attendent ses conseillers pour lui rappeler que, si le symbole
de la paix et de la justice est placé dans
une de ses mains, de l'autre elle est armée
de l'épée. Il y va de la tête, s'écrient-ils!
Eh! sans doute, hommes pusillanimes, il y
va de la tête! Mais pour quel intérêt plus
grand, pour quel devoir plus sacré pou-
vez-vous l'exposer jamais? La révolution
n'est-elle pas à nos portes? L'ordre social

tout entier n'est-il pas menacé ? Ecou-
tez :

« Nous n'avons encore vu », disent
les révolutionnaires aux Électeurs, dans
les exhortations qu'ils leur adressent,
« Nous n'avons encore vu *que l'expo-*
« *sition du drame.* Les situations de-
« viendront de plus en plus *vives et*
« *animées ;* prenez garde que l'acteur qui
« d'abord *aura bien joué,* ne manque
« d'haleine ou de présence d'esprit *lors-*
« *que la scène s'échauffera* (1). »

Un nouveau drame est donc près de
se jouer; la situation politique va devenir plus vive, *la scène va s'échauffer !*

Aussi ne se contente-t-on plus aujour-
d'hui de demander la suppression du double
vote ; l'attribution au jury des délits de la
presse ; l'élection municipale et départementale , et la réorganisation de la garde
nationale *sur les bases de la loi de*
1791 (2).

_____

(1) Tribune des départemens, 7 mai.
(2) Discours de M. de Lafayette au banquet de
l'Allier. (Courrier du 20 avril).

On veut encore des assemblées primaires ; l'initiative dans le sens des États-
Unis; l'attribution aux Chambres du droit
de paix et de guerre : on veut enfin la République.

Oui, la République. Ce but des révolutionnaires n'est déjà plus un mystère ; ils
le proclament hautement.

« En 1804, continuent-ils, si, au lieu
« de la perfide jonglerie des registres ou-
« verts chez les différentes autorités, on
« eût réuni les assemblées primaires, et fait
« voter au scrutin secret ; qui doute *que*
« *la République n'eût été maintenue*
« à une majorité à coup sûr de plus des
« trois quarts, peut-être même des dix-
« neuf vingtièmes (1) ?

N'est-il pas évident qu'ils veulent in-
sinuer par là qu'il en serait de même aujourd'hui ?

Eh bien ! oui ; je le crois comme eux.
Oui, je crois que la majorité des citoyens
qui, aux termes des lois existantes en 1804,

(1) Tribune des Départemens, 7 mai.

composeraient aujourd'hui les assemblées
primaires, voteraient pour la République.
Et ce que je crois tout aussi fermement
encore, c'est que s'ils étaient consultés sur
la question du partage égal des terres, ce
partage serait adopté par eux, non pas à
la majorité des dix-neuf vingtièmes, mais
à celle des quatre-vingt-dix-neuf centiè-
mes. Est-ce à dire pour cela qu'il faille
que les propriétaires se démettent de
leurs biens? Pourquoi donc la Royauté
se croirait-elle davantage obligée de se re-
tirer? Pourquoi ceux qui y sont attachés
comme au gage le plus assuré de l'ordre
public, balanceraient-ils à la défendre,
et *à l'imposer* aux hommes des assemblées
primaires, de même que les propriétaires
leur imposent le droit de propriété?

Vous voulez la République, hommes
rongés de haine et d'orgueil ! et vous
croyez que la Royauté, dont la conscience
est à peine déchargée des maux que sa
faiblesse a causés à la France, vous laissera réaliser sans combat vos théories in-
sensées? Vous ne craignez pas que l'Eu-

rope, envers qui la France s'est engagée à
relever le trône, n'intervienne dans nos
querelles et n'ajoute aux malheurs d'une
guerre civile les malheurs d'une invasion
étrangère ? Quelle étrange confiance s'est
donc emparée de vous ? Comment ne
voyez-vous pas que déjà, de toutes parts,
on se dispose au combat? La paix établie
vous pèse, et vous n'aspirez qu'à la détruire?
Eh bien ! on vous rendra guerre pour
guerre, désastres pour désastres; et notre
malheureuse génération finira comme elle
est née, au milieu du sang et des ruines.

Quoi! quand tout se réunissait pour nous
créer des jours prospères; quand des arts,
inconnus à nos aïeux, embellissaient nos
villes et doublaient nos jouissances do-
mestiques; quand le commerce et l'agri-
culture nous comblaient de tous leurs
biens ; quand les droits politiques qui fai-
saient l'objet de nos vœux en 1789, nous
avaient été solennellement reconnus; enfin, quand le Ciel nous avait donné la
race de princes la plus loyale, la plus noble, la plus remplie de douceur et de clé-

mence, la plus amie de la liberté; il faudra que nous soyons replongés dans toutes
les horreurs des dissensions civiles, par des
hommes qui n'ont d'autre reproche à faire
à l'ordre actuel que de ne les avoir point
placés à la tête de la nation! Et ces hommes seront crus! et ils entraîneront sur
leurs pas la foule aveuglée! Quel esprit
impur a donc soufflé sur la France!

- La Royauté ne peut plus se sauver aujourd'hui avec des serviteurs simplement
animés de bonnes intentions. Il lui faut
des Ministres qui brûlent du feu sacré;
qu'une forte conviction domine; qu'aucune crainte n'ébranle, et qui soient toujours prêts à en appeler du peuple égaré
et furieux, au peuple rentré dans l'ordre et
dans la voie d'une sage liberté; des Ministres qui ne s'inquiètent pas comment justice leur sera rendue, et à qui il suffise de
savoir que leurs noms, si ce n'est eux, seront un jour en vénération à leur pays
comme ceux des L'Hôpital et des Molé.

Jeunesse qui aspirez à la gloire! rangez-
vous sous la bannière de la Royauté. Elle

6

seule, dans nos temps modernes, a le privilége d'imprimer le sceau de l'immorta-
lité aux noms dévoués à sa cause, parce
que, dans l'état de nos mœurs, elle seule
constitue la vérité politique. Que sont de-
venues toutes les célébrités révolutionnaires ; tous ces noms marqués par de si
grands talens, quelques-uns même par d'é-
minentes vertus ? Les Mirabeau, les Nec-
ker, les Bailly, les Barnave, les Ver-
gniaud ? Ils ne vivent dans la mémoire des
hommes que comme attachés à la crise la
plus épouvantable qui ait affligé le monde.
De tous les noms de la révolution, les
noms seuls de nos héros arriveront grands
à la postérité, parce qu'ils sont purs des
doctrines qui ont causé nos malheurs.

Et aujourd'hui encore, qu'est devenu
cet homme si plein de son génie et de sa
destinée, qui croyait à ses paroles la force
des armées et ne demandait qu'un an pour
renverser ou rétablir le trône ? Il a disparu
à jamais ! Sa haine, enchaînée dans un cer-
-cle qu'un reste de pudeur l'empêche de
franchir, ne répond déjà plus aux exi-

gences de la révolution; il est rejeté par elle comme une hache sans tranchant ; il est désavoué par ses anciens amis, comme *l'or pur changé en un plomb vil ;* sa réputation déjà flétrie et mourante, n'aura pas vécu autant que lui.

Vous aussi, qui voulez le bonheur et l'indépendance de la France, attachez-vous à la Royauté; confiez-vous à sa foi, à son intérêt, à ses lumières. Que ferait-elle du despotisme? Combien ne lui est-il pas plus doux de vivre en famille avec ses sujets, de concerter avec eux tous les actes de son administration , d'entendre leurs besoins et de soumettre les siens à leur amour et à leur équité!

Ce que la Royauté nous demande aujourd'hui, est-ce donc chose nouvelle? Elle nous demande ce qu'il est plus encore dans notre intérêt de lui accorder que dans le sien d'obtenir : des lois qui la protègent contre l'esprit d'innovation; qui asseoient le trône sur une base durable, et qui lient toutes les classes de la nation par

des liens réciproques d'affection et de bienveillance.

Il n'en est plus aujourd'hui des cours
comme aux temps d'ignorance et de bar-
barie. Elles n'offrent plus ces scènes de
violence et de tyrannie qui nous font fré-
mir dans nos vieilles chroniques. Les fureurs, les proscriptions, les confiscations,
les meurtres sont passés du côté des peuples, ou de ceux qui les dirigent. Quelle
époque du monde a présenté jamais les
horreurs de notre révolution : des cruautés
aussi effroyables et aussi réfléchies ; un
mépris si profond pour l'humanité ; une si
grande horreur pour toute vertu ? Dans
quel temps le désespoir délirant des as-
sassins a-t-il crié : *A bas Dieu ! Vive
l'Enfer !*

Où trouver, au contraire, plus de modération, de douceur, de justice et de
droiture que dans la plupart des Monar-
chies de l'Europe ? Entend-on les Da-
nois, les Prussiens, les Autrichiens, les
Russes se plaindre de la manière dont ils
sont gouvernés ? C'est, dit-on, que le ha-

sard leur a donné de bons princes, des
princes qui sont d'*heureux accidens* !
Non ; c'est que partout l'esprit de la
Royauté est changé ; que partout elle aspire à se faire aimer et à gouverner de
concert avec ses peuples et dans leur unique intérêt.

Combattre pour le rétablissement de la
république , c'est donc combattre pour de
vaines théories, pour des abstractions,
pour je ne sais quoi de vague et d'indéter-
miné ; c'est se rendre l'instrument de mille
désordres qui ne peuvent se terminer que
par le despotisme.

Combattre pour la Royauté, c'est combattre pour l'ordre, l'union et la propriété ;
c'est combattre pour la liberté.

CHAPITRE III.

Nouvelles réflexions sur les principes qui doivent présider à l'organisation des colléges électoraux , dans l'ordre de choses établi par la Charte.

Barbarus hic ego sum quia non intelligor illis.

Il est des préjugés tellement enracinés. dans l'esprit du vulgaire, qu'il n'est donné qu'au temps de les détruire; la raison, non. plus que l'expérience, n'y peuvent rien.. Les motifs auxquels ces préjugés doivent céder un jour, existent déjà dans toute leur force, mais ce que les peuples sentiront alors, ils ne le sentent pas aujourd'hui. Leur intelligence , obstruée , pour ainsi dire, par leurs passions, n'est plus sensible

à l'enchaînement ordinaire des idées ; et
c'est moins par la force réelle que par la
répétition des mêmes preuves qu'elle se
laisse enfin subjuguer.

Dans une pareille disposition des esprits,
il y a nécessité absolue pour les écrivains
de reproduire sous toutes leurs faces les
doctrines qu'ils veulent établir. La persévérance leur devient un devoir. Quelle
vérité d'ailleurs est jamais entrée dans
l'entendement des hommes, qu'elle n'ait
été dite et redite mille fois. Je ne craindrai
donc pas de répéter, dans les nouvelles
observations que je vais soumettre au public, quelques-uns des principes déjà ex-
posés dans mes précédens écrits.

Reprenons les conséquences de la Charte
au point où nous les avons laissées dans le
premier chapitre.

Nous avons démontré qu'il résultait des
diverses dispositions de la Charte, et
notamment de celle qui attribuait à la
Chambre des Députés l'établissement de
l'impôt, que la puissance politique rési-

dait tout entière dans les Colléges électoraux.

Jusqu'ici nous sommes d'accord avec les
révolutionnaires, et nous adoptons toutes
leurs doctrines. Mais à ce point commence
notre dissentiment, parce que, sincèrement
et loyalement attachés à la Charte, nous
n'avons d'autre but que de l'affermir; et
qu'eux, au contraire, ne veulent s'en servir
que comme d'un instrument pour renverser le trône et rétablir la république.

Déduisons en effet la série des conséquences qu'entraîne cette première vérité :
que la puissance politique réside désormais
dans les Colléges électoraux.

Il en résulte évidemment que les Colléges
électoraux doivent avoir, non moins que
la Chambre des Pairs, *un intérêt permanent* à maintenir la Royauté.

Or, où trouver un intérêt permanent,
si ce n'est dans *un intérêt matériel héréditaire ?*

Où pourrait-on le placer ailleurs ?

Serait-ce dans les avantages résultant
pour le peuple de la forme même du gou-

vernement ? Mais le peuple peut se persuader qu'une autre forme de gouvernement
lui procurerait des avantages encore plus
grands.

Serait-ce dans l'attachement du peuple
pour la famille régnante ? Mais cette affection peut s'altérer et s'offrir à ses yeux comme un préjugé.

Serait-ce dans la crainte des malheurs
qu'entraîne une révolution ? Mais, mille
considérations peuvent éloigner cette crainte, et faire espérer au peuple que le changement du gouvernement s'opèrera sans se-
cousse.

Serait-ce enfin dans le serment des Électeurs et des Députés ? La révolution nous
a appris quel fonds on devait faire sur une
pareille garantie.

C'est donc sur des intérêts héréditaires,
et seulement sur des intérêts héréditaires,
que la loi des Élections doit être assise, si
l'on veut la mettre en harmonie avec la
Royauté et avec les priviléges de la Chambre des Pairs et de la noblesse, en un mot,
avec la Charte.

A ces argumens, plus clairs que la lumière du jour, *il n'y a pas de réponse possible.* Aussi les doctrinaires, qui s'engagent avec tant d'ardeur dans la discussion quand il s'agit d'établir les droits des Colléges électoraux, s'arrêtent-ils tout court, et refusent-ils obstinément toute explication quand il s'agit de fixer les principes qui, dans l'ordre de choses établi par la Charte, doivent présider à l'organisation des Colléges électoraux. Ils ne se bornent pas même à ce silence obstiné : sous un faux air de candeur et de bonne foi, ils abusent de la simplicité de leurs lecteurs, et, persistant à raisonner comme si en effet la loi actuelle des Élections offrait à la Couronne toutes les garanties dont elle a besoin, ils s'étonnent, ou plutôt feignent de s'étonner que le Roi ne veuille pas reconnaître les Électeurs pour juges entre son Ministère et la Chambre des Députés.

Mais continuons à rechercher quels intérêts héréditaires doivent être établis, et comment ils doivent l'être, pour procurer tout à la fois au Trône et au peuple toutes

les garanties auxquelles ils ont droit :
l'un pour le maintien de ses prérogatives,
l'autre pour le maintien de ses libertés.

Ici j'ai besoin d'entrer dans quelques
explications préliminaires.

La nation française a été tellement dé-
sorganisée par la révolution, qu'aujourd'hui
elle offre moins un corps de nation, qu'une
agglomération d'individus isolés et soumis
seulement à une loi commune. Aucun lien
intermédiaire ne réunit les différentes classes de la société ; toutes se portent envie,
se craignent, s'observent et se haïssent
réciproquement. Aussi, est-il vrai de dire
que nous sommes sous le coup d'une révolution imminente et que le sol tremble
sous nos pas.

Le premier soin de la restauration aurait
donc dû être de reconstituer la nation , et
de créer entre tous les citoyens des rapports
d'intérêt et de bienveillance qui les rappro-
chassent mutuellement et les confondissent
dans un même attachement pour les institutions établies et un même respect pour
le trône.

Le législateur aurait dû se rappeler que
le besoin de la liberté, n'avait influé qu'à
peine sur l'espèce d'éloignement que la
nation française avait tout à coup éprouvé
pour l'ancienne forme de son gouvernement; que c'était la vanité seule qui avait
fait la révolution, qui avait jeté le trouble dans les rangs divers de la nation, et
qui avait soulevé la petite noblesse contre
la haute noblesse, et la bourgeoisie contre la noblesse en général. Il fallait donc
pour rétablir la paix parmi les citoyens;
satisfaire avant tout aux impérieuses exi-
gences de la vanité, et adoucir, autant que
le permettait l'intérêt de l'État, les distinctions trop tranchantes qui avaient si vio-
lemment irrité les esprits.

Ce but ne pouvait être atteint que par
deux grands changemens introduits à la
fois, et dans les institutions qui avaient
précédé la révolution, et dans les mœurs
qu'elle avait enfantées.

Le premier consistait à supprimer *la
noblesse de sang*, qui tient la nation di-
visée en deux camps ennemis, et à lui subs-

tituer *une noblesse de rang*, ouverte à tous les citoyens, et reposant exclusivement sur l'aîné de chaque famille noble.

Le second changement consistait à établir dans l'État un certain nombre de positions politiques, subordonnées les unes aux autres, qui permissent aux diverses familles de s'élever successivement et sans autre secours que celui de leurs talens, des rangs les plus inférieurs aux rangs les plus élevés de la société.

De cette manière, la petite noblesse eût trouvé dans ses priviléges politiques un avantage important qui aurait adouci son animosité contre la haute noblesse ; et la bourgeoise eût trouvé de son côté, tant dans les droits nouveaux qui lui auraient aussi été conférés, que dans la suppression de la noblesse de sang, une situation sociale qui aurait satisfait toutes ses prétentions.

Enfin, toutes les classes de la société eussent été liées les unes aux autres par une large et généreuse hiérarchie politique qui, accoutumant chaque citoyen à res-

pecter la classe immédiatement supérieure
à la sienne, aurait par cela même inspiré
au corps entier du peuple l'habitude d'une
profonde vénération pour le trône.

. Telle est la pensée-mère qui aurait dû
présider à la rédaction de la Charte, et se
manifester principalement dans l'organisation des Colléges électoraux. Mais qui son-
geait, en 1814, aux causes qui avaient
préparé la révolution en 1789 ?

La Charte a donc laissé subsister les
haines et les jalousies qui divisaient alors
toutes les classes de la société; bien plus,
elle a fourni à ces haines un nouvel ali-
ment.

Autrefois, la bourgeoisie pouvait du
moins cacher sous le respect que commande naturellement le pouvoir, le respect irritant qu'elle était obligée de porter
à la noblesse du sang. Mais aujourd'hui
que cette noblesse est dépouillée de toute
influence politique, par où peut-elle aspirer encore aux hommages des peuples,
si ce n'est par des droits puisés dans des
souvenirs qui les humilient? La bour-

geoisie est donc plus hostile encore à la
noblesse qu'elle ne l'était autrefois.

Il faut avouer aussi que la noblesse
semble prendre plaisir à envenimer les
préventions dont elle est l'objet. Ni les talens ni les vertus qui, pendant le cours
de la révolution, sont sortis des classes
moyennes, n'ont rien gagné sur son enté-
tement. Comme en 1789, elle se croit
une classe à part, élevée au dessus du
reste de la nation, moins encore par son
rang et ses richesses, que par la délica-
tesse toute particulière de ses sentimens.

« Ils m'avaient cependant juré *leur foi*
« *de gentilhomme* de voter pour la loi! »
disait dans ces derniers temps encore
M. de Richelieu, en se plaignant avec
amertume de quelques membres du côté
droit qui lui avaient manqué de parole au
scrutin. Et telle était sa naïve confiance
dans la foi d'un gentilhomme, que c'était
à un des bourgeois les plus distingués par
son rang nouveau et par son esprit, qu'il
témoignait cette étrange surprise : présu-

mant sans doute impossible qu'il ne la par-
tageât point.

De son côté, la noblesse ne peut voir
sans un vif ressentiment et une profonde
jalousie l'établissement de la Chambre
des Pairs, qui, non seulement la dépouille de ce que Louis XIII et Louis XIV
lui avaient laissé de pouvoir politique, mais la dépouille encore de toute
considération personnelle. La noblesse est
donc aussi plus animée contre la Charte
qu'elle ne l'était en 1789 contre la noblesse de cour.

Ainsi la Charte, telle que l'a faite la loi
des Élections, entend déjà mugir autour
d'elle plus de ressentimens et de fureurs
qu'il ne s'en élevait en 1789 contre l'ancienne constitution du royaume.

. Il n'est pas jusqu'à la Chambre des
Pairs qui, malgré les priviléges éclatans
dont elle est investie, n'ait aussi une tendance marquée pour un changement de
gouvernement, tendance qui provient de
la composition de cette Chambre, et des
plus grands ravages produits par la vanité

7

dans les conditions élevées. Il faut avoir
vu de près l'orgueil et l'égoïsme d'un par-
venu, mis en mouvement par les premières
faveurs de la fortune, pour se faire une
juste idée de toutes les pauvretés du cœur
humain. Qui croirait, par exemple, que
l'élévation à la Pairie a été pour certains
hommes un motif déterminant de se sépa-
rer du gouvernement? C'est cependant ce
que nous avons vu et ce que la postérité
aura peine à concevoir.

Oui, nous avons vu des hommes attachés par sentiment à la Royauté, devenir
ses ennemis irréconciliables par l'effet
même des bienfaits dont elle les avait com-
blés. Pourquoi? (La vanité, la dure et
impitoyable vanité peut seule expliquer
ce phénomène.) C'est qu'en les plaçant
dans le premier corps de l'État, la Royauté
les a élevés au niveau des plus illustres
familles, et que ces familles, pénétrées
encore de leur grandeur passée et de la
profonde obscurité de leurs nouveaux
collègues, n'ont pu se déterminer assez
vite à voir en eux des égaux. Voilà la

France : la France nouvelle comme la France ancienne! Telle sera aussi la France future, si nous sommes appelés à voir une troisième France sortie des entrailles d'une nouvelle révolution.

Cette conspiration générale contre la Charte, cette extrême insouciance pour la liberté, n'ont jamais cessé de se faire remarquer en France pendant tout le cours de la révolution, et ne se manifestent nulle part avec plus d'évidence que dans les différens systèmes électoraux qui ont été proposés jusqu'à ce jour, soit dans l'intérêt du trône, soit dans l'intérêt prétendu des libertés publiques.

Que voit-on dans tous ces projets ? De la part des hommes du pouvoir, des efforts constans pour assurer à la Couronne la nomination des Députés ; et de la part des *amis du Peuple*, des efforts non moins persévérans pour assurer aux opinions républicaines la majorité des Élections.

Est-ce ainsi que l'on prétend réaliser la Charte ? Et les deux partis sont-ils donc

7.

d'accord pour abolir en France le gouvernement représentatif ?

Qu'espérer en effet de Colléges électoraux dans lesquels on attribuera au Roi le
droit, non pas seulement d'altérer, mais
de corrompre entièrement la pureté primitive des Colléges, par des adjonctions
d'Électeurs à sa nomination ?

Ou dans lesquels les petits Colléges,
présumés imbus d'opinions anti-monarchiques, n'auraient plus droit à l'avenir
de nommer des Députés, mais seulement
des candidats qu'ils présenteraient aux
grands Colléges, présumés imbus d'opinions contraires, et entre lesquels ceux-ci
seraient tenus de choisir la totalité ou la
moitié des Députés; de telle sorte, que la
totalité ou la moitié au moins des membres de la Chambre des Députés ne seraient
les élus de personne : ni ceux des petits
Colléges qui, parmi leurs propres candidats, n'eussent jamais choisi pour Députés les Députés nommés par les grands
Colléges ; ni ceux des grands Colléges qui,
s'ils eussent été libres dans leur choix, ne

l'eussent certainement fait tomber sur aucun des hommes à. eux présentés par les
petits Colléges ?

Ou dans lesquels enfin, les grands et
les petits Colléges , également suspects
d'opinions anti-monarchiques , ne seraient
plus appelés , les uns et les autres , qu'à
élire des candidats parmi lesquels la Chambre des Pairs choisirait les Députés ?

En bonne foi , sont-ce là des Élections ?
Et , dans les Députés nommés par l'effet
d'une influence si directe de la part de
la Couronne, la nation peut-elle jamais
voir ses représentans ? Veut-on relever de
la boue les Chambres serviles de Bonaparte ? Si c'est ainsi que l'on comprend la
forme de gouvernement établie par la
Charte , ne vaut-il pas mieux épargner à
la nation le dégoût de toutes ces décep-
tions , et rétablir franchement la Royauté
absolue ?

Qu'espérer aussi de ces autres systèmes
électoraux où l'on veut faire descendre le
droit de nommer les Députés, jusqu'aux
fameux cahiers petifs de 1789 ? Conférer

la puissance électorale à la partie infé-
rieure de la population , alors qu'aucune
influence amie de la Royauté ne peut
diriger dans leurs choix ces masses grossières et redoutables , n'est-ce pas encore
nous ramener au despotisme, en passant
par la république ?

Cessons de nous laisser abuser par toutes
ces théories également hostiles à la Charte.
Ouvrons les yeux , et voyons. Dans aucun
de ces systèmes il n'y a de vérité, d'honneur ni de liberté. Ils n'offrent tous que
vénalité ou licence. Tous, ils conduisent
à une révolution certaine, parce que la
France ne peut se reposer définitivement
que dans un gouvernement monarchique
et libre.

Il en est de même d'un dernier système
dans lequel les Royalistes s'obstinent si
étrangement à placer leurs espérances. C'est
celui qui consisterait à donner exclusivement aux grands Colléges la nomination
des Députés.

Ne voudra-t-on jamais comprendre que,
dans un ordre politique fondé sur des pri-

viléges (et il faut bien reconnaître que tel
est l'ordre de choses établi par la Charte),
la fortune , non unie à ces priviléges,
n'offre aucune garantie au législateur
pour le maintien de la Constitution ! Les
riches non privilégiés sont les plus grands
ennemis des priviléges. Qui ne le voit aujourd'hui, s'il avait pu jamais en douter ?
Habitués à placer dans l'or la source de
toute considération , toute considération
qui ne sort pas de l'or, doit leur être an-
tipathique : d'où il suit, que les grands
Colléges étant déjà composés en majorité ,
ou devant l'être quelque jour par l'effet
de la loi sur les successions, de citoyens
étrangers aux priviléges consacrés par la
Charte, les grands Colléges deviendront
de jour en jour plus hostiles à ces priviléges ; et que le système qui leur confère-
rait exclusivement la puissance électorale,
rentrerait dans ceux qui préparent le renversement du trône et le rétablissement
de la république (1).

_____

(1) La justesse de ces observations se trouve dé-

Il ne faut pas vouloir des choses contra-
dictoires : vouloir que *la loi soit discutée
et votée librement* (1) par les Députés
des départemens, et que ces Députés soient
nommés par le Roi ; ou vouloir que les
priviléges de la Royauté et de la Chambre
des Pairs soient respectés par la Chambre
des Députés, et que cette Chambre soit
élue par une classe d'Électeurs étrangers
et par conséquent hostiles à tous priviléges.

Je le dis avec confiance : le système que
j'ai présenté est le seul qui soit propre à
résoudre le problème de la Charte, c'est-à-
dire à concilier les intérêts de la Royauté
avec ceux des libertés publiques.

---

montrée de la manière la plus évidente, par les
dernières nominations des grands Colléges. En com-
parant ces nominations à celles des années précé-
dentes, on peut juger quels progrès la révolution a
déjà faits parmi la masse des grands propriétaires, et
combien il est exact de dire qu'il n'y a d'appui
pour les priviléges consacrés par la Charte, que dans
une loi d'Élections fondée sur des priviléges politiques.

(1) Article 18 de la Charte.

. Je prie le lecteur de me permettre de rétablir ici les principales dispositions de ce système, tant à cause du nouveau point de vue sous lequel je vais m'efforcer d'en présenter les avantages, qu'à cause des diverses modifications que je lui ai fait subir, d'après les observations qui m'ont été adressées par des personnes d'un grand poids, auxquelles il a paru digne de quelque attention.

La Chambre des Députés serait portée à l'avenir à 650 Députés.

550 appartiendraient à la propriété territoriale *et aux hautes fonctions publiques inamovibles.*

32 appartiendraient à la magistrature, et seraient nommés par la Cour de cassation, la Cour des comptes et les Cours royales, à raison *de trois Députés* pour la Cour de cassation, *de deux Députés* pour la Cour des comptes, et *d'un Député* par chaque Cour royale.

26 Députés appartiendraient à l'Uni-

versité, et seraient nommés par
certains membres désignés de l'u-
niversité, à raison *d'un Député
par Académie.*

42 appartiendraient au commerce,
et seraient nommés par les négocians, répartis en un certain nombre d'arrondissemens commer-
ciaux.

650.

---

*De la représentation attribuée à la pro-
priété territorial eet aux hautes fonctions publiques inamovibles.*

Il serait établi dans chaque département
trois Colléges électoraux chargés de nommer, dans des proportions différentes, les
Députés attribués au département pour la
représentation de la propriété territoriale
et des hautes fonctions publiques inamovibles.

Le premier Collége, appelé *le grand*

Collége des Électeurs héréditaires, et destiné à nommer principalement les Députés *de la grande propriété*, serait composé des propriétaires du département les plus distingués par leur naissance et par leur fortune, et en outre des fonctionnaires inamovibles ci-après désignés, ayant leur domicile politique dans le département; savoir :

Des Lieutenans généraux et des Amiraux en activité de service;

Des premiers Présidens de la Cour de cassation et de la Cour des comptes;

Du Procureur-général et des Avocats généraux près la Cour de cassation, et du Procureur général près la Cour des comptes;

Des premiers Présidens des Cours royales et des Procureurs généraux près ces Cours;

Des Conseillers d'Etat et des membres du Conseil royal de l'Université.

Le second Collége, appelé *le petit Collége des Électeurs héréditaires*, et destiné à nommer principalement les Députés

de la moyenne Propriété, serait composé
de propriétaires d'un ordre inférieur par
l'illustration de leurs familles et par l'importance de leurs biens ; et en outre, des
fonctionnaires inamovibles ci-après désignés, ayant leur domicile politique dans
le département ; savoir :

Des Maréchaux de camp, des Contre-
Amiraux, des Capitaines de vaisseaux et
des Colonels en activité de service ;

Des Conseillers à la Cour de cassation;
des Conseillers - maîtres à la Cour des
comptes ;

Des Présidens des Cours royales et des
Avocats généraux près ces Cours;

Des Recteurs des Académies, des membres de l'Institut et des Inspecteurs généraux de l'Université;

Enfin le troisième Collége, appelé le
Collége des Électeurs mobiles et destiné à nommer les Députés *de la petite
propriété,* serait composé de tous les citoyens payant une imposition *foncière* de
trois cents francs, et *des représentans
des propriétaires payant seulement cin*

quante francs de contributions foncières.

Tous les grands Colléges héréditaires
réunis nommeraient,
ci. . . . . 250 Députés.
Tous les petits Colléges
héréditaires réunis,   150
Et tous les Colléges des
Electeurs mobiles réunis,   150
                          _____
      · Total.   550

Le nombre des Électeurs héréditaires
serait *irrévocablement fixé* dans chaque
département, et se monterait de cent vingt
à deux cents pour les grands Colléges, et de
deux cents à trois cents pour les petits Colléges; suivant la richesse et la population
respective de chaque département.

Ces Électeurs seraient une première fois
nommés par le Roi; leurs dignités se trans-
mettraient ensuite à leurs enfans, *de mâle
en mâle et par ordre de primogéniture.*

Néanmoins, un dixième des Électorats
héréditaires des petits Colléges resterait,

sous le titre d'*Électorats royaux*, à la nomination du Roi, pour le mettre à même de récompenser les services rendus à l'État.

Les Pairs de France et les Électeurs héréditaires seraient *appelés* à jouir un jour d'un majorat en *biens fonds*, qui se règlerait ainsi qu'il suit :

Pour les Pairs de France, à cinquante mille livres de rentes;

Et pour les Électeurs héréditaires, savoir :

De vingt à trente mille livres de rentes pour ceux des grands Colléges; et de dix à vingt mille livres de rentes pour ceux des petits Colléges; d'après la richesse et la population de chaque département.

Les majorats seraient *successivement formés* (1) par l'attribution à chaque fils

---

(1) Je prie le lecteur de faire une attention particulière au mode de formation de ces majorats; car, malgré le soin que j'avais pris de l'expliquer le plus clairement possible dans ma dernière brochure (*De la nécessité d'une dictature*), quelques personnes, entièrement d'accord avec moi sur toutes les bases de

aîné de Pair ou d'Électeur héréditaire ; de
la portion que le Code civil met à la disposition du père de famille. Lorsque le
majorat serait déclaré *complet*, les successions des Pairs et des Électeurs héréditaires rentreraient dans le droit commun
et seraient partagées également entre les
enfans du Pair ou de l'Électeur décédé ;
exception faite du majorat, qui appartiendrait toujours à l'appelé à la Pairie
ou à l'Électorat.

Chaque grand Collége héréditaire serait
présidé par un Pair de France, *à qui ce
droit de présidence appartiendrait héréditairement* ; et chaque petit Collége hé-

mon projet, m'ont reproché de n'avoir donné entrée
dans les Colléges héréditaires qu'aux familles déja
en état de constituer des majorats de dix à vingt
mille livres de rentes. On voit au contraire que le
Roi pourrait placer indistinctement dans les Colléges
héréditaires tous les citoyens auxquels il jugerait con-
venable de conférer cet honneur ; et que les majorats
de ces Électeurs ne devraient se former *que successivement*, et par l'effet du nouvel ordre de succession
introduit dans leurs familles.

réditaire, ainsi que chaque Collége des Électeurs mobiles, serait présidé par un membre du grand Collége héréditaire du département, *à qui ce droit de présidence appartiendrait aussi héréditairement.*

Toute qualification nobiliaire serait supprimée, à l'exception de celles qui appartiendraient aux Pairs de France, à leurs fils aînés, aux Électeurs héréditaires et à leurs fils aînés.

Les Pairs de France et les Électeurs héréditaires seraient, de plus, investis de certains autres priviléges honorifiques, propres à rendre leur haute dignité présente à tous les yeux et à l'inculquer dans les mœurs.

Chaque citoyen aurait la faculté d'instituer, avec le consentement du Roi, *un majorat d'expectative*, payant une contribution foncière de cinq cents francs au moins; et ce majorat lui *donnerait le droit d'entrer, à la date de sa fondation, dans le petit Collége héréditaire du département où il serait institué*, lorsqu'un Électorat viendrait à y vaquer par l'extinction d'une famille électorale.

· Il serait en outre permis à tous Français *payant cinquante francs de contributions foncières* de s'assembler au nombre de six (pourvu qu'ils fussent du même arrondissement) , *et de nommer un d'entre eux pour les représenter au Collége des Électeurs mobiles.*

Enfin, les Électeurs *auraient droit de suffrage à vingt-cinq ans ; l'âge requis pour être Député serait réduit à trente* ans ; ET LE CENS FIXÉ POUR L'ÉLIGIBILITÉ SERAIT SUPPRIMÉ.

Telles sont les principales dispositions du système que je propose , et qui se trouve développé dans mes précédens ouvrages; notamment dans les deux ayant pour titres , l'un : *Des moyens de mettre la Charte en harmonie avec la Royauté* (1828); et l'autre : *De la nécessité* d'une dictature (1830).

Essayons maintenant de faire ressortir les avantages particuliers de ce système.

Ainsi que nous l'avons démontré plus haut, il ne suffit pas au maintien de l'ordre établi par la Charte que le système électoral soit de nature à constituer des Chambres monarchiques : il faut encore qu'il soit combiné de manière à réorganiser la nation, et à unir les différentes classes dont elle se compose.

C'est à quoi le système proposé me paraît éminemment propre.

D'abord, il rassure complètement la Royauté contre les entreprises du peuple, et le peuple contre les envahissemens de la Royauté.

Qu'on se représente en effet quels seront les intérêts, et par conséquent quelle sera la conduite des Electeurs héréditaires.

Ces Electeurs, placés à la tête de la nation; investis de priviléges exclusifs; possesseurs de fortunes considérables et immuables; environnés des respects du peuple qu'ils seront spécialement chargés de garantir de toute oppression locale; ces Electeurs se complairont nécessairement dans une situation si noble et si élevée. Ils s'attacheront à l'ordre de choses qui la leur aura faite, et s'y attacheront

par un sentiment inébranlable, à l'épreuve
de tous les sophismes des écrivains, et de
toutes les passions du moment. La Charte
deviendra pour eux le gouvernement par
excellence ; parce que ce sera celui qui
leur offrira les avantages les plus incon-
testables ; et, satisfaits de ces avantages,
loin de porter envié aux prérogatives de
la Royauté ni à celles de la Chambre des
Pairs, ils aimeront à considérer les unes
comme le plus ferme appui de leurs propres priviléges, et à trouver dans les autres un noble but à leur ambition.

Ils ne tarderont pas non plus à s'apercevoir que leur principal titre à la considération du peuple, consistera moins dans
l'éclat de leur rang, que dans le zèle
qu'ils déploieront pour la défense de ses
libertés. Ils feront donc aussi, du maintien des libertés publiques, l'objet de leur
plus constante sollicitude ; et, quel que
doive être leur dévouement au trône, ils
ne souffriront jamais, dans l'intérêt de leur
propre influence, que la moindre atteinte
soit portée aux droits de la nation.

8.

Tel est l'esprit qui animera les Électeurs héréditaires. Ou il faut renoncer à tirer aucune conjecture des passions des hommes, ou l'on doit pouvoir assurer que les Électeurs héréditaires tiendront toujours la balance égale entre le trône et le peuple. Ils le feront, non par devoir, ni par honneur, ni par conscience : ils le feront par intérêt ; et, à la honte de l'humanité, cette garantie est la plus solide qu'ils puissent offrir au Prince et à la Nation.

Examinons le système proposé, sous un rapport non moins important, celui de l'union et de la bienveillance qu'il est destiné à rétablir entre les différentes classes de la société.

On l'a dit avec raison, le peuple n'est plus aujourd'hui pour rien dans les embarras du gouvernement. Affranchi, par la révolution, de toute servitude personnelle, il a obtenu de l'ordre social tout ce qu'il en pouvait jamais exiger. Au-delà, il n'a plus rien à attendre d'aucun régime politique que ce soit, parce qu'il n'a plus rien à demander qui ne constitue une atteinte

à l'ordre et à la propriété. Que lui importe
la forme du gouvernement ? Ne sait-il
pas que, sous quelque régime qu'il soit
placé, son lot sera toujours de travailler
et d'obéir ?

. Le peuple est donc entièrement étranger
au trouble qui se manifeste dans l'État ; et
si nous sommes assez malheureux pour
qu'il doive y prendre quelque jour une part
active, c'est qu'il y sera entraîné par ceux
qui auront voulu le faire servir d'instrument à leurs desseins.

- Toute l'agitation dont nous sommes témoins provient, ainsi que je l'ai fait ob-
server plus haut, de la lutte obstinée de la
noblesse et de la bourgeoisie : lutte engagée avec plus ou moins d'éclat dans toutes
les parties de l'Europe , et dans laquelle
la Royauté se trouve partout compromise
par l'appui que partout elle est censée devoir prêter à la noblesse.

Cette lutte, déjà commencée long-temps
avant la révolution , et toujours poursuivie
depuis avec acharnement, semble être de-
venue aujourd'hui un combat à outrance,

dans lequel il faut que la noblesse soit
anéantie ou la bourgeoisie réduite à son
ancien état d'abaissement. Jamais tant de
haine n'a divisé les deux partis. Jamais il
n'a été plus urgent que le législateur se jetât
entre les combattans et les forçât à des concessions réciproques.

C'est principalement à la loi qui règle
la transmission de la noblesse qu'est dû
cet état de guerre qui menace d'entraîner
encore une fois la ruine de la Monarchie.
Cette loi fait de la noblesse un peuple à
part dans la nation : peuple qui a ses règles, ses mœurs, sa langue et ses opinions
particulières. Elle perpétue, le souvenir
amer de la conquête, au milieu de la fu-
sion opérée par le temps entre le peuple
conquérant et le peuple conquis. Elle tient
la nation inquiète sur les libertés qu'elle a
recouvrées, et lui montre l'épée insolente
des Francs toujours suspendue sur sa tête.
Aucun ordre durable ne pourra être établi dans l'État tant que la noblesse
n'aura pas renoncé à l'attitude offensive
dans laquelle elle se trouve placée, par

cette loi, contre le reste de la nation. C'est
un dernier sacrifice que la noblesse doit à
la patrie; sacrifice d'où dépend la sûreté
du trône, la paix du présent et de l'avenir,
et dont il est juste aussi que la patrie lui
donne un dédommagement.

Le système proposé consacre ce sacrifice
et en règle les conditions.

Par suite de l'établissement des électeurs
héréditaires, la noblesse ouvre ses rangs à
tous les Français, et ne repose plus désormais que sur la tête d'un seul individu de
chaque famille noble. Mais comme, d'un
autre côté, la noblesse est reconnue indispensable à la sûreté du trône et même à
celle des libertés publiques, elle reçoit, en
échange de ses anciens priviléges, des distinctions nouvelles plus en rapport avec
les mœurs des peuples, et une participation
plus directe au gouvernement de l'État.
Ce ne sera plus une caste; ce sera mieux :
ce sera un grand corps de magistrature, la
base même du trône et de la liberté.

Dans la situation actuelle des choses,
où personne ne peut avoir aucune confiance

dans la durée de ce qui existe, il n'est pas
étonnant que la noblesse se livre à ses illusions comme toutes les autres classes de
la société, et qu'elle se crée telle série d'é-
vénemens qui pourraient lui rendre son
ancienne importance politique.

La bourgeoisie rêve la république : pourquoi la noblesse ne rêverait-elle pas le rétablissement des trois ordres?

Le but hautement proclamé par la
Charte, ayant été *de renouer la chaîne
des temps, que de funestes écarts avaient
interrompue*, comment veut-on que la
noblesse, dont les droits formaient un des
principaux anneaux *de cette chaîne*, la
considère comme *renouée*, tant que la
Charte ne lui aura pas fait sa part dans la
puissance publique. Comment veut-on
jusque-là, que l'ordre établi par la Charte
lui offre l'idée d'un ordre définitif, et
qu'elle puisse s'y attacher sincèrement.

Il en sera tout autrement dans le système
proposé. Investie, par ce système, d'im-
portantes prérogatives qui, sans l'isoler
comme autrefois du corps de la nation, la

tiendront cependant toujours placée à sa
tête, la noblesse se formera bientôt des
mœurs conformes à sa nouvelle position
politique ; et, comme elle s'enlacera par
ses branches cadettes avec les autres classes de la société, ses rapports avec ces autres classes se dépouilleront insensiblement de ce vernis de hauteur et de fatuité
qui soulève contre elle tant de haines.

- Des degrés successifs, établis dans le
corps même de la noblesse, accoutume-
ront la nation à la hiérarchie des pouvoirs,
et offriront à chaque famille un digne objet d'émulation.

Tout s'animera et se remplira d'espoir,
depuis le simple bourgeois, qui s'efforcera
de former un majorat d'expectative pour
placer un jour sa famille dans le petit Collége héréditaire de son département, jusqu'au pair de France, qui aspirera à une
présidence héréditaire. Le Prince, du haut
de son trône, présidera à tout ce mouvement, l'entretiendra, le règlera, le pres-
sera et le ralentira à son gré : il deviendra

ainsi la vie même de l'État, l'objet de tous
les vœux, le but de tous les efforts.

Ainsi s'éteindra insensiblement l'esprit
républicain , esprit d'égalité et de résistance au pouvoir ; et se formera au contraire l'esprit monarchique , esprit d'ordre,
d'émulation et d'obéissance éclairée à
l'autorité.

Alors, et seulement alors, les priviléges de la Couronne seront compris et ac-
ceptés par la nation. Liés à d'autres priviléges héréditaires , ils n'offriront plus
comme aujourd'hui une anomalie frap-
pante dans le gouvernement. On ne les
verra plus, honteux et timides, se dérober
aux regards, comme des abus qui craignent d'attirer l'examen. Ils se proclame-
ront hautement ce qu'ils sont, des instrumens indispensables à la forme de
gouvernement établie par la Charte; et ils
n'auront plus à combattre une égalité sans
frein, sous laquelle ils doivent nécessairement succomber un jour.

Le nombre, assez étendu des Électeurs
héréditaires aurait encore cet avantage ,

qu'il permettrait de placer dans les grands
et les petits Colléges, non seulement la
presque*totalité des anciennes·familles
nobles, mais encore les familles bour-
geoises les plus honorables et les plus dis-
tinguées. Par là commenceraient cette heu-
reuse réunion d'où dépend la stabilité du
gouvernement, et cette communauté d'intérêts et d'émulation qu'il est si important
d'établir entre tous les citoyens. Par là, se
calmeraient les haines qui empêchent la
la Charte de s'affermir, et par là enfin s'é-
tablirait dans les esprits une nouvelle opinion de la noblesse, opinion qui n'aurait
plus rien de blessant pour ceux qui n'en
font point partie.

M'étendrai-je plus long-temps sur les
autres avantages du système proposé? Par-
lerai-je de toutes les classes de la nation
appelées désormais à concourir à la formation de la Chambre des Députés ; des nominations particulières attribuées à la magistrature, et à l'Université ; des droits
électoraux, conférés aux grands fonctionnaires publics, aux chefs des armées de

terre et de mer, de la magistrature et de l'Université; de l'entrée des Colléges, accordée aux représentans particuliers des propriétaires payant seulement cinquante francs de contributions foncières; enfin, de la faculté d'être élu Député, conférée *sans condition*, à tous les Français âgés de vingt-cinq ans ?

Qui n'a pas été frappé des lacunes insultantes qui existent dans la loi actuelle des Élections ? La France réside-t-elle seulement dans les citoyens qui paient trois cents francs de contributions directes ? Les guerriers qui commandent ses armées; les magistrats qui l'administrent et lui distribuent la justice; les savans qui l'éclairent et la polissent; ne sont-ils pas aussi des citoyens dignes de participer à tous les priviléges politiques qui lui ont été accordés ? Eh quoi ! le plus grossier campagnard, le plus chétif marchand aura droit de concourir à la formation de la Chambre des Députés; et un officier général, un président de Cour souveraine, un membre de l'Académie, n'aura pas le

même droit ? Ne faut-il pas avoir juré dans
son cœur la ruine de la Monarchie, et
voir dans la loi des Élections l'instrument
le plus certain du renversement du trône,
pour vouloir conserver cette loi malgré
de pareilles absurdités ?

De plus longs développemens deviennent inutiles , et ne détruiraient pas certaines préventions. Je ne parle pas de
celles des révolutionnaires : ils veulent
la république ; nous ne pouvons pas nous
entendre.

Mais qui croirait que parmi les royalistes eux-mêmes, il se trouve encore des
hommes assez obstinés dans leurs préjugés pour repousser un plan qui doit asseoir
la Royauté sur une si forte base ?

Faut-il en dire la raison ? c'est qu'il
existe malheureusement dans les Cours
une classe d'hommes particulière, qui ne
vivent que des abus du pouvoir , et qui
les défendent comme leur patrimoine.
Étrangers à tous sentimens élevés, à toute
noble profession, leur affaire est d'étu-
dier les faiblesses du prince , d'apprendre

ses passions , de flatter ses mauvais pen
chans , et de vendre au plus haut prix
possible leur bassesse et leur servilité. Pour
ces hommes, la Charte n'a dû rien changer
à la nature du pouvoir royal. Elle n'est
qu'une illusion offerte aux prétentions des
peuples , une forme plus ou moins bien
adaptée à leurs nouvelles mœurs ; et sous
cette illusion, sous cette forme trompeuse,
ils veulent que l'autorité du Roi reste ,
comme par le passé , libre de toute en-
trave et de tout contrôle.

Que gagnera la Royauté , s'écrient-ils ,
au système que vous proposez ? Le pouvoir politique en sera-t-il moins hors de
ses mains ? Qu'il soit placé dans des Colléges électoraux aristocratiques, ou dans
des Colléges électoraux démocratiques ,
qu'importe , s'il doit être placé ailleurs
que dans le Roi ?

Eh ! n'est-ce rien d'abord qu'une organisation par l'effet de laquelle la puissance
électorale se trouve remise à des corps qui
ont intérêt à défendre le trône, au lieu de
l'être à des corps qui ont intérêt à le ren-

verser? Mais abordons le fond même de
l'objection.

Cette objection, comme on le voit,
ne peut prendre sa source que dans la résistance que l'on s'obstine à apporter aux
résultats les plus immédiats de la Charte.

Il faut cependant fixer définitivement
la forme du gouvernement, et se décider
une bonne fois pour ou contre la Charte.
Il faut avoir le courage de la déclarer incompatible avec le caractère français et
l'existence de la Royauté, ou en accepter
franchement les conséquences.

Or, la première conséquence qui en
dérive; la conséquence la plus directe,
la plus positive, la plus incontestable,
c'est qu'au moyen du droit accordé à la
Chambre des Députés de voter, et par conséquent de refuser l'impôt, la puissance
politique réside tout entière dans cette
Chambre, quelles que soient d'ailleurs
les autres dispositions de la Charte, qui
semblent la placer dans la réunion du Roi
et des deux Chambres.

Toute mal-sonnante que doive paraître

cette proposition à des oreilles royalistes,
les doctrinaires ont eu raison de dire: *le
Roi règne, mais ne gouverne pas;* car
ce n'est plus gouverner que d'être obligé,
comme l'est le Roi, de soumettre à l'examen des Chambres tous les actes de son
administration.

La Royauté ne doit donc pas songer à
recouvrer jamais *la réalité* du pouvoir
politique: du moins tant qu'elle voudra
rester fidèle à l'ordre de choses établi par
la Charte. D'où il suit que l'unique but
qu'elle ait à se proposer, est d'établir un
système électoral combiné de manière que
le pouvoir chargé de surveiller son autorité, soit lui-même intéressé au maintien de
cette autorité: car, s'il est vrai de dire
que le Roi ne peut plus *gouverner* sans
que les droits des Chambres deviennent
illusoires, il faut reconnaître aussi qu'il
ne peut plus *régner* si les Colléges électoraux ne sont pas attachés à la Royauté
par un dévouement inaltérable.

On fait encore une autre objection:
Mais si vos Colléges héréditaires venaient

à se corrompre, quelle ressource resterait-il à la Royauté contre des corps aussi puissans et aussi fixes dans leurs sentimens? Je demanderai à mon tour : Quelle ressource resterait-il à la Royauté contre tels autres Colléges électoraux que ce soit, s'ils venaient aussi à se corrompre? En vain répondrait-on que des Colléges électoraux dont la composition se modifie tous les ans par l'introduction d'un grand nombre d'Électeurs nouveaux et la sortie d'un grand nombre d'Électeurs anciens, offrent à la Royauté des opinions plus souples et plus accessibles à l'action du pouvoir : on se tromperait complètement. L'Electeur nouveau, placé dans la même classe que l'Électeur sortant, portera dans le Collége la même opinion politique, parce qu'il sera mu par le même intérêt de fortune et de vanité; et s'il se trouve que cette opinion politique soit adverse à la Royauté, elle sera tout aussi constante et tout aussi inflexible que celle d'un Électeur héréditaire. Il reste donc à mon système cet avantage incontestable :

9

que, d'après la nature des choses, l'opinion des Électeurs héréditaires sera nécessairement royaliste; tandis que, dans
tout autre système elle sera républicaine,
ou sujette à le devenir.

Mais veut-on enfin supposer, contre
toute vraisemblance, que l'opinion des
Électeurs héréditaires puisse devenir hostile à la Royauté, et que ces Électeurs
conçoivent un jour le projet de changer la
Monarchie en une espèce d'oligarchie
semblable à celle qui gouvernait autrefois
Venise? Et bien! je le dirai sans hésiter :
si, par impossible, les choses arrivaient
jamais à ce point, le Roi devrait encore
se hâter de renverser ce nouveau système
électoral : car, quelque chose que l'on
puisse dire, la première condition de tout
système électoral, c'est d'être en harmonie
avec la royauté; et, lorsqu'au lieu de
contribuer au maintien du trône, il tend
au contraire à l'ébranler, il devient lui-
même contraire à la Charte; et, dans
l'intérêt de la Charte, il doit être anéanti.

Sans doute, il n'est rien sur la terre qui soit

à l'abri des ravages du temps. Tout s'use,
tout vieillit, tout meurt ; mais il est des
choses qui s'usent et qui vieillissent plus
tard les unes que les autres, et je présente
avec confiance mon système électoral
comme organisé de manière à lutter plus
long-temps que tout autre contre les efforts
des novateurs.

On lui adresse un autre reproche (qui
porte moins sur le fond même de ses dispositions que sur la forme suivant laquelle elles doivent être établies),
c'est d'attribuer au *pouvoir constituant*,
à l'exclusion *du pouvoir législatif ordinaire*, que l'on prétend seul compétent en
cette matière, le droit d'instituer, dans
certaines familles, un mode particulier de
succession. Et ce qu'il y a de vraiment extraordinaire, c'est que cette misérable objection est une de celles qui ont le plus
frappé nos hommes d'État.

Comment ne voient-ils pas que, dans
certains systèmes de gouvernement, si ce
n'est même dans tous, la loi qui règle la
transmission des biens dans les familles,

et surtout des biens immeubles, est moins
une loi civile qu'une loi politique? Quelle
Monarchie pourrait subsister, si le royaume était partagé entre tous les enfans du
roi défunt? Comment le régime féodal se
serait-il maintenu, si le fief n'eût exclusivement appartenu au fils aîné du seigneur?

Il en est de même de la Monarchie re-
présentative. S'il est démontré, comme
nous nous sommes efforcés de le faire, que
cette forme de gouvernement ne peut subsister qu'au moyen de majorats héréditaires, il est évident que la manière dont
ces majorats doivent être formés, et trans-
mis ensuite dans les familles, est une *des
lois organiques de la constitution :*
loi qui doit être faite conséquemment par
le pouvoir chargé d'établir cette constitution.

Aussi faut-il remarquer que, dans mon
système, je ne donne au pouvoir constituant le droit de régler l'ordre de succession dans les familles électorales, que
jusqu'au point seulement où il lui est nécessaire que cet ordre soit déterminé d'une

manière spéciale. Quand le majorat héréditaire est complet, c'est-à-dire, quand le
pouvoir constituant devient sans intérêt
dans le règlement de la succession du Pair
ou de l'Électeur héréditaire, je rentre dans
le droit commun, et j'abandonne à la loi
ordinaire le partage de la succession.

Le droit du pouvoir constituant sur
tous les intérêts qui entrent dans le mécanisme du gouvernement, ne saurait être
contesté : autrement, aucune constitution
nouvelle ne pourrait être établie d'une manière durable, puisque, dès le jour même
de son établissement, elle se trouverait en
opposition avec les anciennes lois et les
anciennes mœurs. Aussi, mœurs et lois
doivent-elles être retrempées, et courbées
aux besoins de la nouvelle forme du gouvernement. Ces besoins pourvus, la souveraineté peut se plier à son tour aux
mœurs des peuples, et leur accorder des
lois conformes à ces mœurs ; mais cette
concession ne peut être faite qu'après avoir
préalablement établi tout ce qui est néces-

saire à l'exercice et à l'affermissement de
sa puissance.

On dit encore: les Électeurs actuels sont
privilégiés; vous ne combattez que du plus
au moins.

Non, les Électeurs actuels ne sont pas
privilégiés. On ne peut appeler *privilége*
un droit que l'on a aujourd'hui et que l'on
perd demain, un droit qu'on n'est pas
maître de transmettre à ses enfans. Ce
droit, dût-il même être regardé comme un
privilége, ne serait pas de nature à attacher
l'Électeur plutôt à la forme de gouvernement établie par la Charte, qu'à toute autre
forme de gouvernement représentatif, et,
par cela même, il serait inutile à la Royauté. Ce n'est que dans des priviléges héréditaires qu'elle peut trouver une garantie
suffisante, parce que ce n'est que dans ce
genre de priviléges qu'elle peut trouver un
intérêt positif à maintenir les siens.

Combien d'autres avantages accessoires
découleraient encore du système proposé !

On ne cesse de nous vanter tous les priviléges dont jouit la nation anglaise : le

droit d'enquête reconnu aux deux Chambres du Parlement ; le pouvoir administratif remis à des magistrats indépendans de la Couronne; la connaissance des délits de la presse attribuée au jury ; le droit accordé à toutes les corporations de citoyens de s'assembler et de délibérer sur leurs intérêts ; la liberté des Élections religieusement respectée. Mais on affecte de ne pas voir que tous ces avantages découlent du système électoral établi en Angleterre , système par l'effet duquel , comme dans celui que je propose, *la puissance électorale est placée entre les mains d'une aristocratie héréditaire* (1). Si nous jouissions des mêmes priviléges que les Anglais, avec le système électoral qui nous régit aujourd'hui, avant six mois nous serions en république. Donnez à la maison de Bourbon une Chambre des Députés qui soit aussi nécessairement dévouée

_____

(1) Voir dans ma brochure intitulée , *De la nécessité d'une Dictature*, le tableau du patronage électoral du gouvernement, des Pairs de la Grande-Bretagne, et des divers gentilshommes et propriétaires

à la Royauté que l'est la Chambre des Communes en Angleterre, et nous verrons nos Rois tout aussi faciles et aussi généreux que les monarques anglais, dans leurs rapports avec leurs sujets.

Avec un système électoral aussi fortement organisé que le système proposé, on n'aurait plus à reprocher au gouvernement son antipathie pour certains hommes, son ressentiment trop vif des faits passés, ses investigations fatigantes de la pensée secrète des citoyens. Confiante en sa force et rassurée sur son avenir, la Royauté laisserait ses ennemis exhaler en paix leurs haines stériles. Quiconque n'a rien à craindre peut beaucoup supporter.

J'entends dire à une foule de gens : Votre système est excellent; que n'a-t-il été adopté en 1814! Quelle belle France il nous eût faite! Que nous serions libres, puissans, unis! Mais aujourd'hui! il est trop tard; comment défaire ce qui est fait?

On est confondu de l'extravagance d'un pareil langage. Quoi! nous nous prive-

rions d'un bien certain, parce qu'il nous
serait proposé seize ans plus tard qu'il
n'aurait dû l'être! Et, de ce que les choses sont arrivées au point que la loi des
Élections ne peut plus être abolie dans
les formes ordinaires, nous croirions notre
honneur engagé à en subir tous les dangers! Il nous sied bien, à nous qui avons
renversé coup sur coup tant de constitu-
tions diverses, qui avons successivement
passé de la monarchie absolue à une république monarchique, puis à une république populaire, puis à une république
bourgeoise, puis à une république militaire, puis au gouvernement absolu ; il
nous sied bien de vouloir trancher du
Caton, et nous obstiner à périr pour rester
fidèles à une institution que le bon sens
et l'expérience proscrivent également !
Quelle pitié!

Ah! que, si le système que je propose
aujourd'hui eût été conçu par M. Decazes
ou par M. de Villèle, au temps de leur
toute-puissance, il eût trouvé d'approba-
teurs! Que de journaux se seraient char-

gés d'en développer les avantages, et d'y
préparer les esprits ! Il ferait maintenant
la gloire et le bonheur de la France.

.Mais moi ! qui suis-je, pour le faire
prévaloir ? La vérité fait toute ma force ,
et je n'ai d'autre éloquence que celle de la
conviction.

, Cependant ce système sera adopté, ou
la Charte périra. Il triomphera des préjugés de l'époque et de mon obscurité. Il
triomphera de la vanité de ceux qui n'ont
d'autre raison pour le repousser que de ne
l'avoir pas inventé. Il triomphera , parce
qu'il est le seul qui soit exempt d'arrière-
pensée ; le seul au fond duquel il y ait vérité , ordre, honneur et liberté.

Le mouvement révolutionnaire ne peut
plus être comprimé que par la puissance
de l'intérêt personnel. Créez donc des intérêts anti-révolutionnaires, et liez-les par
une chaîne de fer à l'intérêt de la Royauté;
il n'y a pas de salut ailleurs.

" Aveuglée par ses passions, la bourgeoisie croit trouver dans la destruction de la
noblesse une situation plus élevée : elle

s'abuse ; elle n'y trouvera que sa ruine et la perte de tous les avantages qu'elle a conquis.

Sans noblesse, pas de Royauté. Donc, plus de Charte. Donc, révolution nouvelle. Donc, intervention de l'Europe. Donc, guerre civile et étrangère. Donc, meurtres, pillages, incendies, échafauds, proscriptions, dévastations de toute espèce.

Mais supposons que la bourgeoisie parvienne à renverser la Royauté, à faire disparaître toute distinction de naissance, et à s'emparer du pouvoir; croit-elle que le peuple la laissera faire, *les bras croisés*, et qu'il ne prétendra pas prendre part à la victoire?

Voilà les chiens qui arrivent! Tel est le cri des paysans des environs de Paris, quand ce qu'ils appellent *les bourgeois* viennent habiter leurs maisons de campagne. Et ce sont cependant *ces bourgeois* qui les font vivre, qui donnent du prix à leurs denrées et à leurs terres, qui embellissent leurs villages, qui prennent soin de leurs pauvres et de leurs malades!

Mais ces bourgeois sont leurs nobles, à eux;
et il n'en faut pas davantage pour qu'ils
les détestent, comme les bourgeois détestent les comtes et les marquis.

Que la bourgeoisie fasse donc une révolution ; et bientôt elle verra des gens
vouloir aussi *que la propriété soit rajeu-*
nie. Elle les entendra dire au peuple : Quel
bienfait avez-vous retiré de la chute des
Bourbons? N'êtes-vous pas toujours obligés de travailler et de servir? Vos ennemis, ce sont les riches; ce sont surtout ces
marchands d'or, aujourd'hui plus puissans
que les Rois. Assez long-temps ils ont
usurpé les biens que la nature avait destinés à tous les hommes également ; c'est à
votre tour d'en jouir.

La bourgeoisie, emprisonnée, pillée,
égorgée, criera à la violation de la propriété, à l'assassinat, au renversement de tout
ordre social ! Mais le peuple se rira d'elle
et de sa prétention à vouloir le gouverner.

Ce sera alors un chaos épouvantable,
dans lequel on ne verra que sang et que

ruines, on n'entendra que cris et que gé-
missemens, et qui finira par le plus dur,
le plus impitoyable et le plus indispensable despotisme.

CHAPITRE IV.

De la marche à suivre, dans les circonstances actuel-
les, et du recouvrement de l'impôt.

———————

Cris impuissans ! fureurs bizarres !

S'il est une vérité qui doive être profondément gravée dans le cœur des Français, c'est que les Bourbons veulent la
Charte et toutes les institutions qu'elle a
consacrées. Ils la veulent même jusqu'à
l'imprudence : car'depuis bientôt quatorze
ans que la loi des Élections est établie, et
qu'aux yeux de tous les hommes éclairés
elle sape sans relâche les fondemens de la
Monarchie, sans qu'il soit possible de la
changer avec les concours des deux Chambres, les Bourbons ont préféré laisser le

trône exposé à ses coups, plutôt que de la
briser de là seule manière qui soit efficace,
et de paraître s'écarter par là des règles
tracées par la Charte.

Un pareil état de choses ne saurait se
prolonger davantage. Il est incompatible
avec l'ordre public. Le Roi a fait, pour
n'être pas obligé de recourir aux moyens
extrêmes, plus peut-être que sa dignité ne
lui permettait de faire. Il est descendu au-
près des Électeurs jusques à la prière. Sa
voix paternelle a été méconnue : on lui a
renvoyé ces mêmes députés dont l'esprit
révolutionnaire avait appelé sa juste sévé-
rité. Il ne lui reste plus qu'à parler en Roi.

Les Colléges électoraux doivent donc
être supprimés sans délai, et les nouvelles
nominations qui en sont émanées, considérées comme non-avenues. Ils ont insulté
le trône, ils ont exposé leur pays à toutes
les horreurs de l'anarchie : ni le Roi, ni
la France ne peuvent plus se confier en
eux, sans que Mrp aura, aide uu

Si nous étions moins près du terme fatal
où expire le budget, je dirais à la Royauté !

reprenez le pouvoir constituant dont vous
avez été investie en 1814; faites la loi des
Élections, que vous n'avez pas faite, et que
vous auriez dû faire à cette époque; assem-
blez ensuite vos Colléges ; demandez-leur
une nouvelle Chambre des Députés, et
marchez.

Mais toutes ces opérations successives
ne pourraient être terminées avant le
1er janvier; et ce jour, ce jour même, il
faut à la Couronne un *titre légal* qui lui
confère le droit de lever l'impôt. La Couronne doit donc, avant tout, s'occuper des
moyens de se procurer ce titre.

Quelques gens peut-être lui conseille-
raient de s'en passer; mais ce serait blesser
la France dans ses plus précieuses prérogatives.

Dès les plus anciens temps de la Monarchie, le droit de coopérer à l'établissement
de l'impôt a été solennellement reconnu
au peuple français.

« Notre Roi, dit Philippe de Comines,
« est le seigneur du monde qui a le moins
« à cause d'user de ce mot de dire : *J'ai*

10

« *privilége de lever sur mes sujets ce-*
« *qui me plaît.* Car ni lui ni autre l'a, et
« ne lui font nul honneur ceux qu'ainsi
« le dient pour le faire estimer plus
« grand. »

Ce ne sera pas, certes, Charles X qui ré-
clamera un pareil privilége, ni qui mettra
sa grandeur à l'exercer contre ses peuples !

Or, comment faire, en l'absence de toute
assemblée régulièrement investie du droit
de représenter la nation, pour obtenir le
consentement de la France au budget de
1831 ?

La réponse, ce me semble, se présente
d'elle-même

Lorsque, par des circonstances impré-
vues, une société ne peut plus être repré-
sentée par ses représentans légaux, elle
l'est par ses représentans naturels.

Les représentans naturels de toute société politique sont ses premiers magistrats, ses premiers guerriers, ses principaux propriétaires.

Que le Roi réunisse donc dans une
même assemblée :

1° Les premiers présidens et présidens de la Cour de cassation et de la Cour des comptes, les procureurs généraux près ces cours, le grand-maître de l'Université, les premiers présidens des Cours royales, et les procureurs généraux près ces cours ;

2° Les plus anciens officiers généraux de terre et de mer, au nombre qu'il lui plaira de déterminer ;

3° Enfin, les plus imposés de chaque département, en nombre égal à celui des Députés attribués aujourd'hui à chacun de ces départemens.

Le Roi composera ainsi une assemblée qui sera incontestablement la représentation la plus parfaite des lumières, de la sagesse et des intérêts de la France.

On pourrait, je le sais, suppléer de beaucoup d'autres manières à l'absence de la Chambre des Députés. On pourrait, par exemple, lui substituer provisoirement une assemblée nommée par des Électeurs désignés dans telle ou telle classe de citoyens. Mais le mode que je propose à cet avantage particulier, qu'il évite au gouver-

10.

nement les lenteurs et les difficultés d'une
nouvelle convocation d'Électeurs ; èt qu'il
laisse à l'assemblée un plus long temps
pour approfondir les besoins du service et
les forces des contribuables.

L'assemblée réunie, on lui proposerait le
budget, qui serait terminé par cette importante disposition :

« Tous les règlemens que le gouverne-
« ment jugera à propos de faire pour le
« recouvrement des sommes comprises au
« présent budget, auront *force de loi* jus-
« qu'à la session prochaine. »

Ou il faut désespérer de la Monarchie,
ou il faut regarder comme certain qu'une
assemblée composée de citoyens aussi re-
commandables que ceux qui sont désignés
ci-dessus, s'empressera de répondre à l'appel et à la confiance du Roi.

Le budget voté, l'assemblée voudra qu'il
soit recouvré. Elle n'hésitera donc point
à armer le gouvernement des moyens de
coërtion qui pourraient lui devenir nécessaires contre certains contribuables.

Le budget serait ensuite soumis à l'exa-

men-de la Chambre des Pairs ; puis, re-
vêtu de la sanction du Roi ; et la Couronne
se trouverait ainsi en possession d'un titre,
sinon légal (puisque la loi établie est inexé-
cutable), du moins conforme aux anciens
usages de la Monarchie, aux priviléges de
la nation et à la pensée de la Charte. Qui
pourrait avec bonne foi, n'en pas reconnaître la régularité ?

Mais il faut s'attendre à une vive résistance de la part des révolutionnaires ; car
comment espérer soumettre à la raison et
à la nécessité des circonstances un parti
qui n'a d'autre intention que de bouleverser encore une fois la France et l'Europe entière ?

Cette résistance sera active ou passive :
active, si les révolutionnaires parvien-
nent à soulever une portion du peuple
contre le gouvernement ; passive, s'ils
réussissent à déterminer les contribuables
à refuser l'impôt.

Dans le premier cas, le gouvernement
n'a point à hésiter, point à délibérer, point
à écouter ni à parlementer. L'épée a été.

tirée contre lui; c'est à l'épée à venger les injures de l'épée.

Dans le second cas, celui du refus de l'impôt, nous allons parcourir les divers moyens qui s'offrent au gouvernement pour le faire rentrer en totalité, sans avoir besoin de se porter contre les contribuables à aucune fâcheuse extrémité.

Prenons pour exemple le budget de l'année dernière.

Il se monte à la somme de neuf cent quatre-vingt-neuf millions quatre cent vingt-trois mille cent vingt-trois francs.

Cette somme peut se diviser en deux parties principales.

La première partie, composée des sommes *entrant d'elles-mêmes* dans le trésor de l'État, soit parce qu'elles sont le produit de ses domaines ou les bénéfices de certaines industries dont il a le privilége exclusif, soit parce que les citoyens *ont intérêt à les payer*, et viennent les acquitter *d'eux-mêmes*, pour être admis aux avantages que ce paiement leur assure.

Et la seconde partie, composée de sommes qui constituent un sacrifice sur les revenus des contribuables, et qu'il faut par conséquent *aller leur demander.*

La première partie comprend :

Les droits d'enregistrement, de timbre, d'hypothèques ; les droits de greffe, etc.............	182,560,000
Produits des domaines..	2,777,000
Produits des forêts sur les coupes vendues l'année précédente.	3,550,000
Coupe des bois.......	23,750,000
Douanes.............	10,340,000
Droit sur les sels......	54,250,000
Tabacs..............	67,989,000
Poudres à feu.........	4,096,000
Postes..............	30,523,000
Loterie.............	12,500,000
Versement dû par la ville de Paris.............	5,500,000
Salines de l'Est.......	1,800,000
A Reporter.	399,635,000

Report............	599,635,000
Créances diverses , y compris celle sur l'Espagne.	6,350,000
Rétributions sur les poids et mesures............	800,000
Ressources spéciales et éventuelles des départemens.................	746,340
Produits nets sur amendes et saisies : En matière d'enregistrement.........	1,000,000
En matière de douanes..	1,600,000
En matière de contributions indirectes.........	900,000
Caisse des Invalides....	540,000
Université............	3,992,438
Brevets d'invention.....	150,000
Poudres et salpêtres.....	3,426,550
Matières versées au change...................	2,067,000
TOTAL.........	**520,207,528**

Ainsi, voilà une première somme de

520 millions, c'est-à-dire, de plus de moitié du budget, qui, dans aucun cas, ne
peut manquer de rentrer au trésor : soit
parce qu'elle représente des valeurs qui
sont entre les mains du gouvernement et
qu'il ne délivre que contre de l'argent, ou
des créances dont il possède les titres, ou
des bénéfices auxquels les consommateurs
ne peuvent se soustraire; soit parce qu'elle
représente des droits que les citoyens sont
obligés d'acquitter, pour se mettre en état
de faire valoir leurs titres, ou pour assurer
leurs propriétés.

Passons à la seconde partie.

Elle comprend :

La contribution foncière. 278,412,684

Centimes de perception. 12,170,000

Centimes facultatifs ; savoir : pour dépenses d'utilité
départementale............. 12,640,000

Pour dépenses du cadas-
tre........................ 4,500,000

Pour dépenses des com-
munes..................... 18,200,000

A Reporter........ 325,922,684

Report............	325,922,684
Frais de premier avertis-sement................	650,000
Fonds de première impo-sition................	770,000
Fonds de non valeurs...	220,000
Frais d'administration des bois des communes.......	1,453,111
Contributions indirectes.	140,200,000
TOTAL........	469,215,795

Cette somme, que le gouvernement est
obligé d'aller demander aux contribuables,
peut sans doute lui être refusée; et si elle
l'était à la fois par tous les contribuables,
et que le Gouvernement fût obligé d'em-
ployer, contre chacun d'eux, des moyens
de rigueur, on conçoit toute la perturba-
tion qu'un si grand nombre d'actions et
de saisies pourrait jeter dans l'Etat. Cherchons donc s'il n'existerait pas quelque
moyen de forcer les contribuables *à venir
d'eux-mêmes* acquitter cette seconde partie de l'impôt, comme nous avons vu
qu'ils venaient acquitter la première.

· Que faut-il faire pour obtenir ce résultat ? Il faut faire ce qui se trouve fait par la nature des choses, relativement à la première partie de l'impôt : c'est-à-dire, créer au contribuable un intérêt matériel à s'acquitter de cette seconde partie comme de la première, vis-à-vis le gouvernement.

- Ainsi, puisque la nécessité d'assurer leurs droits mobiliers et immobiliers, contraint les propriétaires de créances et de biens fonds à payer au Gouvernement la somme immense de cent quatre-vingt-deux millions, pour les droits de timbre, d'enregistrement et d'hypothèques, il est évident qu'ils seront encore obligés de lui payer la totalité de leurs impôts, directs et indirects, s'il est interdit, sous peine de destitution, aux percepteurs des droits d'enregistrement et aux conservateurs des hypothèques, d'enregistrer aucun acte, ni d'inscrire aucune hypothèque, à moins que le requérant n'ait préalablement justifié de l'acquit de ses impositions.

Exploitons cette mine féconde; nous en tirerons des trésors.

On a des droits à faire valoir contre un débiteur de mauvaise foi; il faut l'assigner devant les tribunaux..... Les tribunaux ne recevront aucune demande, que le demandeur n'ait payé ses contributions.

On a une succession à recueillir; il faut établir sa filiation. Aucun acte de l'état civil ne sera délivré sans justification préalable de l'acquit de ses contributions.

On a des rentes ou des pensions sur l'État; on veut les vendre ou en percevoir les arrérages. Aucun transfert ne sera fait au trésor, aucun arrérage ne sera payé, que l'impôt n'ait été acquitté.

On est Avocat, Avoué, Notaire, Huissier..... On ne pourra plaider, occuper, instrumenter, sans avoir payé ses contributions.

Tout employé du gouvernement, qui refusera l'impôt, sera immédiatement destitué.

Il est inutile de pousser plus loin l'énumération de toutes les mesures à prendre contre les contribuables récalcitrans. Ces mesures se manifesteront d'elles-mêmes

dans la pratique, par l'application constante de ce principe : que le citoyen qui
refuse l'impôt se place lui-même hors de
la loi civile, et que la loi civile à son tour
doit lui refuser sa protection dans tout ce
qui ne porte pas directement atteinte à sa
personne ou à ses biens.

Mais, dira-t-on, la plupart de vos mesures exigent la coopération des Tribunaux ; et les Tribunaux ne voudront jamais prêter leur autorité au recouvrement
d'un budget qni n'aura pas été voté d'une
manière légale.

C'est connoître bien peu l'esprit de
fidélité et de sagesse qui anime la magistrature, que de lui supposer de pareilles
dispositions. Croit-on qu'elle veuille livrer la France à la révolution, et qu'elle
ne sache point apprécier la gravité des
circonstances ? Croit-on qu'elle ne sera
pas la première à sentir l'impossibilité
qu'il y avait pour la Couronne de réunir
une Chambre nommée en haine de la
Royauté, par des Electeurs constitués

eux-mêmes en état de révolte contre tous
les priviléges établis par la Charte ?

. Un budget voté dans un danger aussi
imminent, par les principaux propriétaires
du pays, *par ses premiers magistrats*, et
par les chefs de l'armée ; un budget soumis à l'examen de la Chambre des Pairs
et à la sanction du Roi, sera toujours pour
les Tribunaux un budget légal, un budget
dont ils s'empresseront de favoriser la ren-
trée par tous les moyens que la loi met à
leur disposition.

Ainsi, sur les 470 millions d'impôts qui
forment la seconde partie du budget, et
dont la réalisation ne peut avoir lieu que
par le fait et le consentement des contribuables, la majeure partie rentrera :

1° Par la fidélité et le dévouement d'un
grand nombre de propriétaires ;

2° Par la nécessité où chacun se trouve
d'assurer sa propriété, de faire valoir ses
différens droits civils, de recevoir ses revenus ;

3° Par la crainte qu'éprouveront cer-

tains contribuables de se créer des obstacles à l'exercice de leur profession.

Enfin ; une faible et dernière partie du
budget reste-t-elle encore à recouvrer, et
se trouve-t-elle due par des gens en dehors
pour ainsi dire de tous les intérêts civils
ordinaires, et qui n'auraient pu être at-
tèints par aucune des mesures du gouvernement? Il est un moyen immanquable
de les faire payer plus promptement encore
que les autres.

J'entends d'avance les cris de fureur et
de désespoir que cette proposition va soulever contre moi. Mais ces cris plaisent à
mon oreille en ce qu'ils me prouvent la
profondeur du coup que j'ai porté aux révolutionnaires. J'aime à leur renvoyer
toutes les alarmes qu'ils ont inspirées :

« Qu'ils souffrent tous les maux qu'ils ont faits devant Troie! »

Quelle dureté peut-on trouver d'ailleurs
dans des mesures dont il sera libre à chacun de s'éviter l'application? Un gouvernement peut-il souffrir qu'on se joue de
ses lois? Le pouvoir qui se laisse braver

a prononcé lui-même sa condamnation.
Protection aux sujets fidèles ; clémence
aux sujets égarés et repentans ; guerre,
guerre à mort aux rebelles : il n'y a pas
de société hors de là.

Que le Gouvernement déclare donc
qu'après un premier délai, tous les contribuables retardataires seront assujettis au
paiement *du double impôt,* comme dans
des cas analogues on est assujetti au paiement *du double droit d'enregistrement.*
Qu'il déclare ensuite qu'après un second
délai, tous les contribuables retardataires
deviendront *débiteurs solidaires du déficit total de leur arrondissement.* Ce
délai expiré, le gouvernement choisira,
parmi les retardataires, comme tout créan-
cier a droit de faire parmi ses débiteurs
solidaires, ceux des plus imposés de l'arrondissement qui se seront montrés le plus
ennemis de son autorité et qui auront le
plus excité le peuple à la rebellion, et les
contraindra, par la saisie et la vente de
leurs biens, au paiement *du déficit entier
de l'arrondissement.*

Et comme le gouvernement ne peut
vouloir se faire payer deux fois , il subro-
gera, les retardataires contraints au paiement du déficit total, dans tous ses droits
et actions contre les autres contribuables
retardataires de l'arrondissement, afin de
mettre, les premiers en état de se faire
rembourser par les derniers des sommes
payées en leur acquit.

. Qui osera acheter les biens de ces généreux citoyens , m'allez-vous dire avec em-
phase? Qui ? Tout le monde : vous-même,
qui me le demandez ; leurs voisins , leurs
amis, et leurs co-imposés eax-mêmes, dont
le patriotisme ne tiendra pas contre l'occasion d'une acquisition avantageuse. Est-
il des biens en France qui aient jamais
manqué d'acquéreurs ? N'a-t-on pas acheté
sous Louis xiv les biens des protestans
proscrits; et de nos jours ceux du clergé,
du domaine, des émigrés; et des comdam-
nés ? Qu'auraient donc de plus sacré les
biens des révolutionnaires?

.. Mais le peuple se révoltera ? Vous vous
trompez ; le peuple ne se révoltera pas

pour dix ou douze grands propriétaires
tout au plus par département qui seront
saisis et expropriés : il n'a pas le cœur si
tendre pour les riches. La populace de Paris, payée par le cardinal de Retz, a bien
pu se soulever en faveur *du bon homme
Broussel*, dont la modeste fortune était
l'objet de son respect ; mais elle ne se sou-
lèvera pas pour des banquiers et de gros
capitalistes. Une conséquence toute contraire résultera de la vente de leurs biens :
ce sera de créer des royalistes, comme
la vente des biens des émigrés a créé des
révolutionnaires. Les mêmes alarmes qui
ont tenu si long-temps les acquéreurs de
biens nationaux en état d'hostilité contre
le trône légitime, rendront les nouveaux
acquéreurs des biens des révolutionnaires,
ennemis irréconciliables de la république ;
et la Royauté se trouvera ainsi affermie
par les moyens mêmes inventés pour sa
ruine.

Je dis plus : le petit commerce et les
petits propriétaires se feront une maligne
joie de voir ces hommes, aujourd'hui si

arrogans, descendus à leur niveau, et d'étu-
dier comment ils supporteront leur patrio-
tique pauvreté. Il sera curieux de voir nos
Brutus de comptoir dépouiller leur suffi-
sance pour revêtir l'austère maintien de
martyrs des libertés publiques.

Alors s'ouvrira une scène vraiment digne du pinceau des moralistes : on verra
nos nouveaux Hampdens prêter d'abord
une oreille avide aux pompeux éloges de
leurs partisans et attendre quelque grand
désordre qui les dédommage de leurs sa-
crifices.

Mais bientôt les choses se présenteront
à leurs yeux sous un aspect tout autre que
celui sous lequel ils les auront considérées
d'abord ; et, témoins de la tranquillité
publique , il leur paraîtra juste que leurs
co-imposés les remboursent des avances
qu'ils auront faites pour eux. Ceux-ci,
pour l'honneur *des principes*, ne voudront
entendre à aucune concession ; les autres
deviendront pressans : et l'on verra les plus
ardens révolutionnaires, les doctrinaires
les plus exaltés, les membres du comité

directeur eux-mêmes, poursuivre leurs co-
imposés devant les tribunaux pour les
forcer d'acquitter ces mêmes contributions
qu'ils les auront excités naguères à ne pas
payer.

C'est ainsi que finira ce grand bruit dont
la révolution nous menaça. Cette prétendue résistance au paiement de l'impôt se
dissipera en fumée, et ces timides conseillers qui, dans la crainte du combat, pous-
sent aujourd'hui la Royauté vers de honteuses et dangereuses concessions, appren-
dront à leur grande surprise, combien peu
il fallait pour raffermir le trône et rétablir
l'ordre dans l'État.

Enfin, si la Royauté, par un excès de
bienveillance et de générosité, jugeait à
propos de faire intervenir la nation, d'une
manière au moins indirecte, dans l'examen
du nouveau système électoral qu'elle se
propose de substituer au système existant,
elle présenterait ce nouveau système à l'assemblée des plus imposés, ainsi qu'à la
Chambre des Pairs, et prendrait les conseils

de ces deux grands corps, sur les différentes dispositions de son projet de loi.

Je dis *leurs conseils*, et je le dis à dessein : car, outre qu'il est de la plus haute
importance que le Roi ne compromette
pas son pouvoir constituant, auquel seul
il appartient d'établir toutes les lois *qui
ont trait à la souveraineté*, il faut encore que le Roi ait toujours présent à la
pensée que, dans l'état de société que la
révolution nous a fait, et au milieu des
préjugés qui dominent les meilleurs esprits, *il est absolument impossible qu'une
bonne loi d'Élections sorte jamais du sein
d'une assemblée quelconque.* L'assemblée la plus éclairée et la plus dévouée
restera toujours au-dessous d'une pareille
tâche. Elle pourra bien présenter de sages
observations sur un système déjà arrêté,
mais non poser elle-même les bases d'un
système monarchique. La Royauté seule
a le secret de ses besoins ; seule, elle sait
le degré de puissance qui lui est nécessaire
pour résister aux nouveaux pouvoirs qu'elle
a institués. Elle ne doit donc pas souffrir

que ce degré de puissance soit fixé par
d'autres que par elle-même.

Dans la situation actuelle de l'Europe,
la Royauté a une force immense dont il
faut qu'elle sache user.

Les hautes classes lui sont acquises par
l'intérêt de leur position sociale.

Le peuple, le vrai peuple, indifférent à
tout mode de gouvernement, n'a rien à
démêler avec la Royauté, tant que les
avantages qu'il a conquis par la révolution
lui seront conservés. S'il doit devenir un
jour hostile à la Couronne, ce ne sera pas
comme masse opprimée par le gouvernement, mais comme masse opprimée par
l'ordre social en général, et toujours dis-
posée à le bouleverser, sur quelque base
qu'il soit assis.

La classe moyenne est la seule qui soit
véritablement hostile à la Royauté, *parce
qu'étant essentiellement vaine et ja-
louse, et généralement ignorante*, elle
aspire à faire disparaître les supériorités
qui s'élèvent au-dessus d'elle. Mais, plus
effrayée encore de l'intervention de l'Étran-

ger et des horreurs d'une nouvelle révolution, qu'impatiente d'établir la république,
elle ne voudrait abattre la Monarchie que
par des coups sourds et mesurés, qui se
fissent à peine entendre au Prince placé
sur le trône, et qui ne dussent avoir surtout aucun retentissement en Europe.

Il suffit donc à la Royauté de déclarer à
quelles conditions elle entend conserver
le trône, et de mettre, pour ainsi dire, à
la nation, le marché à la main. Quand la
bourgeoisie se verra obligée de choisir
entre ces conditions irrévocables et les
hasards d'une révolution, elle reculera
alors devant les menaces de l'avenir et
finira par accepter avec soumission le nouveau traité qui lui sera proposé par la Couronne.

La Royauté a essayé de tout, hormis de
la force ; elle a été renversee deux fois, et
se voit près de l'être une troisième. Qu'elle
ait donc recours à la force, puisque sa clémence est à bout ; elle verra disparaître
comme par enchantement tous les obs-

tacles qui s'opposent à l'exercice légitimo
de son autorité.

" Ah! que, si, dans les premiers jours de
la révolution, et même encore en 1792, la
Royauté eût déployé devant les factieux
toute sa force et toute sa majesté, elle nous
eût évité de maux ! On tremblait dans la
salle du manége pendant que les Suisses *dé-
gageaient* si noblement *leur foi* dans la
cour des Tuileries. Un mouvement sur l'assemblée eût pu sauver la France; et tant
de vertus, immolées depuis, vivraient encore pour l'illustrer !

. Espérons de la Royauté que le passé ne
sera pas perdu pour elle. Le Roi sait quel
ennemi menace son royaume; il l'a vu, il
l'a suivi dans le cours de ses effroyables
ravages; il en a été atteint dans ce qu'il
avait de plus cher. Nous abandonnera-t-il
à sa fureur? Chargera-t-il sa conscience de
nos nouveaux malheurs? Non; nos cris ne
doivent plus porter le désespoir dans son
cœur; il doit avoir péri avant que nous
n'ayons été frappés.

Français! je vous parle en frère, en con-

citoyen, en ami. Au nom du Ciel, écoutez-
moi! Je ne suis point un émigré; je
n'ai point de sang à venger, ni de priviléges à reconquérir. Sans liaisons à la Cour,
sans rapport avec aucun Ministre, ni avec
aucun homme aspirant à le devenir, je n'ai
point d'ambition particulière à faire prévaloir : on ne m'a vu mêlé, ni parmi les
congréganistes, ni parmi les royalistes, ni
parmi les révolutionnaires; je suis pur de
tout intérêt de parti : mais j'ai une ame, et
je sens; une raison, et je juge : voilà pnor-
quoi je veux la Monarchie et je hais la
révolution. Il n'y a pas de citoyen qui vive
plus obscur ni plus retiré que moi. J'étais
conseiller à la Cour royale de Paris à l'é-
poque de la restauration; je le suis encore
aujourd'hui. Je ne dois rien à la Couronne,
rien aux libéraux, rien à aucun ministère;
s'il est quelqu'un en France qui soit indé-
pendant, c'est moi. Aucun homme au
monde n'a droit à ma reconnaissance; aucun n'aurait le crédit de me faire effacer
une ligne de ce qu'il me semble utile de pu-
blier. Croyez donc à ma bonne foi; à ma

profonde conviction; croyez aussi à des
raisonnemens qu'*on déclare ne vouloir
pas combattre*, et auxquels on ne répond
que par des injures. Ils me peignent comme
un insensé (1)! Malheur à eux, s'ils ont
assez peu de sens pour ne pas me comprendre! Honte à eux, s'ils mentent à leur
conscience et m'injurient par calcul!

La Charte n'est point, comme on cher-
che à vous le persuader, un gouvernement populaire. Interprétée ainsi, déve-
loppée en ce sens, elle périrait infailli-
blement, parce qu'aucun des pouvoirs
qu'elle a constitués n'est organisé de manière à soutenir le choc de la puissance
du peuple.

----

(1) J'avais dit dans une brochure publiée en 1828,
et intitulée « *Des moyens de mettre la Charte en
harmonie avec la Royauté* :

« Quant à moi, jusqu'à ce que ces choses arri-
« vent (les désastres d'une nouvelle révolution), *je
« passerai pour un insensé*. Mais lorsque la tempête
« aura brisé le vaisseau dont je m'efforce de signaler
« le danger, alors, pilote, matelots et passagers re-
« connaîtront, dans leur désespoir, la vanité de leurs
« illusions et la sagesse de mes conseils. »

La Charte est *l'expression d'un Gouvernement monarchique et aristocratique;* c'est-à-dire que, dans tout pays où
il existera à la fois une royauté héréditaire et une aristocratie puissante, il se
formera avec le temps un gouvernement
semblable à la Charte; et réciproquement,
cette forme de gouvernement ne pourra
s'établir ou se maintenir qu'autant que le
pouvoir sera, ou restera placé, entre les
mains de l'aristocratie.

Dans tout pays, au contraire, où le
pouvoir sera placé dans le peuple, il se
formera une république; c'est-à-dire un
gouvernement dans lequel tous les pouvoirs seront électifs. D'où il suit que,
placer le pouvoir dans le peuple, comme
s'efforcent de le faire les révolutionnaires,
c'est s'efforcer de détruire la Charte, et de
lui substituer la république.

Entrons donc enfin dans l'esprit de notre nouveau gouvernement. Dépouillons-
nous de notre vanité, de nos préjugés,
de nos haines. Établissons une *aristocratie nationale*, également ouverte à tous

(172)

les talens et à tous les genres de services.
Faisons-la héréditaire, parce que *l'héré-*
dité seule constitue des intérêts et des
sentimens durables. Plaçons-y toutes nos
gloires nouvelles : nos héros, nos magistrats, nos grands écrivains. Ne craignons
pas qu'elle soit trop portée à défendre le
trône : elle le sera assez, par son propre
intérêt, à défendre nos droits.

Ainsi sera accomplie la véritable fin de
la révolution; la fin vers laquelle ten-
daient tous nos vœux en 1789 et en 1814;
la fin à laquelle nous bornerons toujours
nos espérances, quand nous serons affranchis de toutes passions et que nous ne vou-
drons que la liberté.

www.ingramcontent.com/pod-product-compliance
Lightning Source LLC
Chambersburg PA
CBHW072043090426
42733CB00032B/2143